Die Leserinnen und Leser dieses Buches möchte ich ausdrücklich darauf hinweisen, dass keine Erfolgsgarantie oder Ähnliches gewährleistet werden kann. Auch kann keinerlei Verantwortung für jegliche Art von Folgen, die der Leserin und dem Leser im Zusammenhang mit dem Inhalt dieses Buches entstehen, übernommen werden. Die Leserin und der Leser sind für aus diesem ebook resultierenden Ideen und Aktionen selbst verantwortlich.

Der manipulierte Mann

und das

Wesen der Urfrau

Inhalt:

Vorwort

Was veranlasste mich als Mann, ein Buch über Frauen zu schreiben? Ist es meine Absicht, dich zum Frauenversteher zu machen? Oder möchte ich dich zu einem besseren Mann machen? Nein, weder das eine, noch das andere steht mir zu.

Und dennoch, in meinem männlichen Bekanntenkreis bin ich immer wieder auf Unverständnis über sogenanntes, weibliches Verhalten gestoßen.

- **Meine Frau redet unentwegt.**
- **Meine Frau sagt nie, was sie wirklich denkt.**
- **Meine Frau ist oft zickig.**
- **Meine Frau hat auf Sex keine Lust mehr.**
- **Meine Frau lässt sich äußerlich gehen.**
- **Meine Frau hört mir nicht zu.**
- **Meine Frau sagt etwas anderes, als sie dann tut.**
- **Meine Frau ist mir ein Rätsel.**
- **Und vieles mehr.**

Bin ich überhaupt qualifiziert, sozusagen als gegenteiliges Geschlecht, über das Wesen der Frau zu schreiben, oder wird das hier, in diesem Buch, im Fortgang eher ein fabulieren und stochern im Nebel?

Wenn du hier ein Buch über das Flirten und der richtigen Anmache von Frauen erwartest, bist du hier falsch aufgehoben. Zu diesem Thema gibt es unzählige Publikationen von selbst ernannten Flirtgurus und ein Flirtguru bin ich wahrhaftig nicht.

Ebenso bist du hier falsch, wenn du eine wissenschaftlich- und psychologisch fundierte Abhandlung über dieses, für uns Männer, kaum durchschaubare Wesen der Frau erwartest. Auch hierzu gibt es unzählige Publikationen, aus denen man aber selten richtig schlau wird, da sie in ihrer Wissenschaftlichkeit, schon von der gewählten Sprache her, nur schwer verständlich und kaum verdaulich sind, wenn man hier keine fachliche Vorbildung aufweisen kann.

Ich bin nur einer von diesen Männern, die das Wesen der Frauen über Jahrzehnte, schon zum Zwecke des Selbstschutzes studierte. Mich interessierte hierbei die Frage, **wieso sind Frauen so gänzlich konträr zu dem Wesen der Männer?**

Lapidar gesagt, warum kaufen und sammeln Frauen wie verrückt Schuhe und schenken ihren Männern Unterhosen und Socken zu Weihnachten, während »Mann« solche Einkäufe hasst? Wieso also ziehen sich beide Geschlechter, trotz so augenscheinlich unterschiedlicher Interessen, so manisch an? Der natürliche Geschlechtertrieb alleine, reichte mir als Antwort nicht aus.

Auf solche und viele andere Fragen, kann es keine allgemeingültigen Antworten geben, da auch Frauen sich in persönlichen Intentionen oder Auftreten und Wirkung unterscheiden. Ja, manche sind in ihrem Auftreten und ihrer Wirkung manchmal Männern ähnlicher als ihren Geschlechtsgenossinnen.

Aber eines, so habe ich festgestellt, wohnt jeder Frau, ob Mütterchen, Zicke oder Femme fatale gleichermaßen inne und das ist die Urfrau und ihr genetischer Code ihres Urwesens.

Ich nenne das den Frauencode. Hier gebe ich dir Mann, in 13 Kapiteln die Codes anhand, mit der fast jede Frau, zumindest im mitteleuropäischen Raum, für dich zu verstehen ist. Mit diesen 13 Codes hast du sozusagen eine Bedienungsanleitung parat, mit der du arbeiten, heißt Frau manipulieren kannst oder auch nur ein besseres Verständnis für dieses geheimnisvolle Wesen, welches du so sehr begehrst, aufbringen kannst.

Und wenn du diese 13 Kapitel so sehr in dich aufgenommen- und wie es nur irgend geht, verinnerlicht hast, macht dir kaum ein Weibchen mehr etwas vor was nicht heißt, dass du jede von ihnen für dich selber haben kannst. Aber dieses Wissen schützt dich auf jeden Fall vor manchen, unliebsamen Überraschungen.

Drehe mit diesem Wissen den Spieß um. Manipulieren ist immer besser, als manipuliert zu werden, obwohl auch das nicht immer und unbedingt so sein muss, wie wir später feststellen werden.

Aber dieser Ratgeber soll keineswegs nur eine Anleitung dazu sein, wie du Frauen manipulierst oder sie, im schlimmeren Fall mit deinem hier erworbenem Wissen gleichsam zu deiner willfährigen Untertanin machst. Das wäre der Frau höchst unfair gegenüber und würde dich, auf Dauer gesehen, nicht glücklich machen.

Vielmehr soll dich dieses Wissen zuallererst vor der falschen Frau beschützen und deinen Blick für typische »Frauen-Fallen« schärfen, dich aber auch sensibel dafür machen, wie Frauen wirklich ticken um somit die »richtige« Frau für dich zu finden.

Vielleicht bist du ja auch ein lockerer Trendsetter, dann werden dir gemeinsame Boutiquenbesuche mit deiner Klamottenbesessenen Tussi regelrecht Spaß machen, bis dass die Geldbörse kracht oder die Kreditkarte quietscht.

Wenn du nach einer ernsthaften, festen Beziehung zu einer Frau suchst und du deine eigenen Ansprüche an deine zukünftige Partnerin überdacht hast, dann kannst du dich mit diesem Ratgeber vor manchem, gemeinen Bluff wappnen und schon im Vorfeld hier und da abklopfen, ob die süße Braut deinen Ansprüchen auch in Zukunft genügen wird, oder dir nur eine Mogelpackung verkauft werden soll.

Bedenke immer, Interessen, Ansprüche, Charakter, Ziele und Optik verändern sich mit der Zeit unter Umständen immens. Du solltest also schon am Anfang einer Beziehung darüber nachdenken, wohin der Weg deiner Angebeteten führen könnte.

Das ist leicht gesagt, wer kann schon in den Kopf eines anderen Menschen- und hier sogar noch in den einer Frau hineinschauen und zuverlässige Zukunftsprognosen treffen?

Mit den richtigen Techniken ist es aber zumindest möglich das eigene Risiko, zwar nicht ganz auszuschließen, aber immerhin einzugrenzen und zu minimieren.

Hier nur einmal ein kleines und profanes Beispiel:

Du hast eine zuckersüße und superschlanke junge Frau kennengelernt und lädst sie ins Kino zu einem Film ihrer Wahl ein.

Was für einen Film, welches Genre wird sie wohl auswählen?

- Eine Komödie? - Dann lacht und amüsiert sie sich wohl gerne.

- Ein Drama? - Dann ist sie eventuell selber problembeladen und sucht ein Ventil.

- Einen Actionkracher? - Holla, dann mache dich mal auf stürmische Zeiten gefasst.

Frage sie, ob sie einen Snack zum Filmgucken möchte!

- Will sie Popkorn und Cola? - Dann wird es mit der Figur so nicht bleiben.

- Will sie gar nichts? - Dann achtet sie jetzt schon auf deine Ausgaben.

- Will sie anschließend nach McDonalds? - Tja, da wird sie mal arg mollig werden.

- Will sie zum Italiener? - Dann ist sie vielleicht eine romantische Genießerin.

Du siehst schon an diesem kleinen Beispiel, auf was du alles achten musst, um nicht einmal ein schlampiges Pummelchen zuhause zu haben.

Oder aber eine nervtötende und dramatisierende Zicke deine Frau nennen zu dürfen. Oder sogar ein »Dämchen«, was immer und für sich selbst wohlwollend, dein Konto im Blick hat.

Das alles muss nicht sein, es gibt sehr viele »ordentliche« Frauen, die sich nach einem guten Mann, nach Kindern und nach einem glücklichem Familienleben sehnen.

Alles schön und gut, gehe trotzdem auf Nummer sicher, auch wenn es keine einhundertprozentigen Garantien gibt, die richtige Frau fürs Leben zu finden.

Jeder Kapitalanleger wägt sein Risiko ab. Du willst dein Geld nicht in einen geschlossenen Schiffsfonds investieren, wo dir 20 % Rendite auf deine Kapitaleinlage in einem schönen Hochglanzprospekt versprochen werden und du mit einem Totalschaden, heißt, mit maximalem Verlust, herausgehst.

Betrachte dein Restleben eben auch als eine Art Kapital. Ist deine Auserwählte für eine gute Restlebenszeit-Rendite gut genug für dich?

Ist das Renditeversprechen der Schönen unrealistisch hoch oder angemessen? Und wenn du ganz sicher gehen willst, weil du zu viel Geld hast oder einmal erben wirst, dann sichere dich mittels Anwalt, vor einem Totalschaden ab. Wenn sie sich darüber empört, dann weißt du ja schon mal bescheid.

Nun wollen wir endlich die Welt der Frauen beschreiten und schauen, wo sich alle diese Tücken und Fallen verbergen, die sie uns Männern so gerne stellen und in die wir so oft hinein tapsen.

Denn eines ist gewiss, das schwache Geschlecht ist ganz sicher nicht so schwach. wie es sich gerne bei Bedarf darstellt.

Kapitel 1
Was verbirgt Frau gerne und was bezweckt die Optik, was steckt hinter dem Äußerlichen?

Frauen sind wahre Künstlerinnen, wenn es um die Kostümierung geht. Dass dir das nicht neu ist, ist mir schon bewusst, trotzdem erwähne ich dieses Klischee, weil du immer und immer wieder darauf reinfällst.

Frauen benutzen deine Fantasie, ja sie benutzen **deine** Fantasie, um dich mittels ihrer Verkleidungskünste und Verstellungen zu manipulieren, zu verführen und einzufangen.

Da hilft die Süße mit dem zu kleinen Busen mit einem Push Up schon mal gerne nach. Das Bäuchlein wird schön flach kaschiert und der nach Süden wippende Po, wird in zu enger Jeans, knackig aufgesext.

Mit ihrem gekonnten Make Up wird sie ihre Pausbäckchen und so manchen Pickel so geschickt überdecken, dass du nur noch in diese tiefgründigen und wunderschönen Augen versinken möchtest.

Und wie von ihr durchaus gewollt, denkst du nur noch an ihre Rundungen und wie du sie in die Kiste ziehen kannst. Voila, das weiß sie natürlich und sie hat dich jetzt soweit, dass sie ihr manipulatives Spiel mit dir beginnen kann, vorausgesetzt du passt in ihr Beuteschema, weil du gut oder interessant aussiehst oder auch nur, weil sie zufällig gesehen hat, wie du deinen Porsche mehr oder weniger geschickt eingeparkt hast.

Wusstest du, dass die meisten Komiker, die auf der Bühne oder vor der Kamera die reinsten Spaßkanonen und im Privatleben oft richtige Miesepeter sind und rein gar nichts spaßiges mehr an sich haben?

Genau das kann dir mit der Süßen auch passieren, wenn du sie nicht genau abcheckst und beobachtest, wie sie sich verhält wenn die Scheinwerfer aus sind und das Publikum den Saal verlassen hat.

Nun gut, fragen wir uns einmal was das Zuckermäulchen, welches du dir ausgeguckt hast, für Motive haben könnte. Du musst dir über ihre Motive und Absichten schon im klaren sein, ansonsten kann eine böse Überraschung auf dich warten.

Die Motive bei Frauen sind sehr unterschiedlich, da es so viele Spielarten dieser Spezies gibt. Das ist keine revolutionäre Erkenntnis, nur vergessen wir Männer das gelegentlich, wenn der Unterleib das Denken übernimmt.

Daher lese hier, welche verschiedenen Typen Frauen dir begegnen könnten. Selbstverständlich kann ich dir hier nur einen Ausschnitt der unterschiedlichen Frauentypen liefern, es gibt einfach zu viele. Aber mit ein wenig Übung, einem kritischen Blick und Hinterfragen, wirst du bald selbst in der Lage sein, Motive und Intentionen von Frauen zu erkennen und für dich selbst einzuordnen.

Hüte dich vor dem Putzerfisch. Das ist die Begleiterin der Schönen. Ich nenne sie im Fortlauf einfach Putzi.

Sie gibt sich gerne als die allerbeste Freundin der Schönen aus, in Wahrheit aber benutzt Putzi die Schöne aber nur als Köder und nimmt sich das Beste von dem, was die Schöne für sie liegen lässt: Also den Zweitbesten all derer, die an der Schönen herumbaggerten.

Wenn das Licht aus ist und Putzi die Bühne verlässt, ist sie oftmals eine überreizte und übellaunige Frau. Sie weiß um ihre Makel und dass sie immer nur und bestenfalls, den zweiten Preis bekommt.

Und als solchen (zweiter Preis) wird Putzi dich auch bald behandeln, wenn der Alltag eingetreten ist und du sie schlimmstenfalls auch noch geheiratet hast.

Sie wird schnell ihren Kinderwunsch entdecken und dich zu überzeugen versuchen, was für ein guter Vater du doch sein könntest.

Wenn du dann als stolzer Vater den Kreißsaal verlassen hast, kannst du schon einmal darüber nachdenken, wie du dein Sexualleben neu ordnest. Denn merke, ab jetzt wird es im Ehebettchen einsam und ruhig für dich werden.

Putzi hat jetzt das was sie immer wollte, ein ruhiges Leben ohne Arbeit, ein Enkelchen für ihre Eltern und dich, den sie jetzt in ihrem Hamsterrad marschieren lässt.

Du kannst Dich auch scheiden lassen, aber sei gewiss, Putzi findet einen cleveren Anwalt, denn Putzi hat immer noch die Schöne als allerbeste Freundin und die kennt sie alle, die guten Scheidungsanwälte!

Aber, sei getröstet, es gibt auch die gute Putzi die auch über den Zweitplatzierten glücklich ist und ihm eine gute Lebenspartnerin sein will und wird.

Die Kunst, eben die bessere der Putzies zu erwischen liegt darin, dass du Motivforschung betreibst.

Wenn der Kinderwunsch bei Putzi sehr ausgeprägt ist und sehr rasch dein Ohr, auch als versteckte Anspielung erreicht, dann läufst du Gefahr, Erfüllungsgehilfe und Versorger zu werden. Wenn das dein Wunsch und Eigenanspruch ist bitteschön, aber werde dann besser niemals arbeitslos. Du wirst dann zwei Orte unbedingt meiden wollen, das Arbeitsamt und dein Zuhause.

Versager und Schlappschwanz werden noch die milderen Ausdrücke sein, die dich erwarten werden.

Die **gute** Putzi wird dich nicht fallen lassen, sie wird geduldig darauf warten, bis du von ganz allein deinen Kinderwunsch äußerst und sie wird deine persönlichen Niederlagen in Erfolge umwandeln wollen.

Fazit: Also achte auf die Putzies, sie können dein Albtraum oder (aber seltener) deine Chance sein.

Achtung vor der Hütchenspielerin, du wirst nie wissen woran Du bist.

Die Hütchenspielerin sieht meistens gut bis sehr gut aus. Sie kann es sich daher leisten, Spielchen zu spielen und betrachtet Männer als Motten und sich selber als Lichtspenderin.

Häufig ist sie beruflich ehrgeizig und auch erfolgreich. Sie spielt mit Situationen und hat für den eigenen Vorteil immer einen Blick. Sie achtet sehr auf ihr eigenes Wohlergehen und hat den gesellschaftlichen und finanziellen Status eines, oder mehrerer Verehrer, immer auf ihrem Radar.

Wenn du sie Zuhause besuchen darfst, wird sie immer perfekt aussehen und dich strahlend empfangen. Allerdings wirst du dich dafür auch auf Wartezeiten einrichten müssen wenn du mit ihr ausgehen möchtest, denn ihre perfekt hergerichtete Optik benötigt einiges an Zeitaufwand. Nimm dir also ein Buch mit, um dir die Wartezeit zu vertreiben.

Zumindest Anfangs wird es selten langweilig, so sprunghaft ist sie, hält sie dich doch ordentlich auf Trab. Und da sie gut und gerne flirtet, musst du auch noch die Konkurrenz in Schach halten, du brauchst also mehr als nur zwei Augen.

Einen vorzeigbaren Status solltest du, neben ein wenig Spielgeld, auch haben und nicht unbedingt ein Popel-Auto fahren und an der Tanke nicht auf ein paar Liter Benzin achten müssen. Geizkragen gehen für eine Hütchenspielerin gar nicht!

Diese Dame hat ihre Ansprüche und will es nicht mit einem mittellosen Knauser zu tun haben, schließlich warten noch etliche andere auf sie, die ihr das Leben genießbar und schön machen wollen.

Solltest du sie tatsächlich für dich und dein Leben gewinnen können, tust du mir jetzt schon leid!

Sie wird einige Schwierigkeiten damit haben, mit den Jahren an Attraktivität und Begehrlichkeit zu verlieren. Du wirst dir anhören müssen, wohin sie doch mit dem X oder mit dem Y hingekommen wäre, wohingegen du es nur zum Reihenhäuschen gebracht hast.

Merke: Du kannst es gerne mit der Hütchenspielerin für ein paar Wochen oder Monate versuchen. Auf lange Sicht handelst Du mit Zitronen. Außerdem, später könntest du sie immer noch haben, wenn du wolltest. Denn als »Ehemaliger« wird sie ihrem unglücklichen Ehemann später von dir vorschwärmen und dich zu verführen suchen, denn sie bleibt auch im Alter noch attraktiv und sexuell aktiv.

Fazit: Bleibe hier besser der Ehemalige, der »Ex« und werde besser nicht ihr Ehemann!

Die unbeholfene Flatterhafte, die sich dir mit Inbrust unterwirft, wird dir schon bald zum Albtraum werden.

Welcher Mann will nicht sofort zu ihrem persönlichen Lanzelot werden und sie ritterlich vor allem Ungemach beschützen?

Sie lächelt so scheu und so unglaublich süß. Ihr Augenaufschlag und ihr Blick kommt meist etwas von unten. Oft ist sie von schlanker, vielleicht etwas knabenhafter Statur. Sie tritt von einem Fettnäpfchen ins andere und entschuldigt sich immer mit diesem einzigartigen, unschuldigen Lächeln.

Na prima, dann spiele mal den Ritter. Welcher Mann ist nicht gerne mal der Beschützer von Schneewittchen?

Doch möchtest du wirklich in 20 oder 30 Jahren immer noch mit diesem scheuen Püppchen zusammen sein und jeden Fauxpas ausbügeln müssen?

Sei dir gewiss, dieses Püppchen sucht ihren Beschützer und Versorger fürs Leben. Sie wird und kann dir nicht den Rücken stärken, wenn es dir einmal schlecht geht.

Fazit: Wenn du einen ausgeprägten Beschützerinstinkt hast und unglaublich geduldig bist, bist du bei ihr richtig. Aber, richte dich auf ein sehr bescheidenes Leben ein und Abenteuer gibt es hier auch nicht zu erleben.

Die Bemutternde, die dir schon beim ersten Date deine Schuppen vom Kragen wischt, kann durchaus deine Heimat werden.

Sie wird dir eine gute Ehefrau und Mutter deiner Kinder werden. Sie wird fest an deiner Seite stehen und dir den rechten Weg schon weisen.

Sie wird dir dein Leben organisieren, eure Kinder wie eine Tigerin beschützen und den Elternsprechtag auch mal alleine, ohne dich meistern.

Allerdings wird sie deine absolute Treue einfordern und eine eventuelle Liasion mit der Sekretärin keinesfalls tolerieren.

Mit dieser Frau wirst du alt werden können, wenn dich nicht der Hafer sticht. Dann allerdings hättest du sehr schlechte Karten, denn sie ist der felsenfesten

Überzeugung, dass sie sich für dich, sozusagen, aufgeopfert hat.

Allerdings wird die sexuelle Entdeckungsreise mit ihr nicht allzuweit gehen und es wird eher eine Bahnfahrt als eine Reise mit dem Flugzeug werden.

Fazit: Achte gerade am Anfang auf wischende Hände an deinem Jackett oder Hemd. Dann weißt du woran du bist. Dich erwartet ein ruhiges Leben ohne große Aufregungen, aber leider auch ein baldiges abflauen der Leidenschaften, spätestens nach dem ersten Kind.

Die Kontrolleurin wirst du so schnell nicht mehr los, denn du bist ihr Eigentum geworden.

Sie ist nicht immer so einfach zu erkennen, da sie sich auch hinter der Maske der Unschuld recht gut zu verbergen weiß.

Aber es ist auch gleichgültig, wie sie dir erschienen ist, denn Tatsache ist auch, dass du dein Leben aus der Hand gegeben hast, als du dich auf sie eingelassen hast.

Von nun an wird dein Leben nach ihren Regeln ablaufen. Sie ist der krankhaften Eifersucht sehr nahe und schon ihr kleinster Verdacht auf Untreue, wird dir üble Szenen einbringen.

Selbst wenn du den Absprung von ihr schaffen solltest, ist höchste Vorsicht angebracht, denn sie kann durchaus zur Stalkerin werden und/oder dich in den Ruin treiben, da sie alles über dich und dein Leben gesammelt hat und gegen dich verwenden wird, wenn du sie enttäuschst.

Fazit: Wenn du sie dabei erwischst, wie sie an deinem PC herumfummelt oder dein Smartphone nach Telefonnummern usw. durchsucht, dann bist du schon in Gefahr. Ein Leben mit ihr kann zur Hölle werden.

Die Tigerin wird dir nicht nur im Schlafzimmer ihre Krallen zeigen, denn sie will absolute Macht über dich.

Wenn du an sie gerätst wird dein Leben ziemlich aufregend werden. Die Tigerin wird dich nicht nur beim Liebesspiel zu beherrschen suchen. Ein »Nein« von dir wird sie nicht akzeptieren.

Die Tigerin ist nicht unbedingt eine Schönheit im klassischem Sinne, aber überaus attraktiv und sexy. Sie zeigt gerne was sie hat und ist keineswegs auf den Mund gefallen und überaus selbstbewusst.

Häufig hat sie eine beruflich leitende Position und/oder ein abgeschlossenes Studium. Sie weiß sehr gut zu delegieren und ihre Wünsche zu artikulieren.

Die Tigerin will ihr Leben bewusst erleben und gestalten und wenn sie dich auserwählt hat, auch dein Leben. Sie will und wird dein Leben bestimmen, die Urlaubsreisen planen, den Bekanntenkreis aussuchen usw.

Sich von einer Tigerin zu trennen ist kein einfaches Unterfangen, denn dann wird es ziemlich einsam um dich herum werden, da sie euren Freundes- und Bekanntenkreis zusammengestellt hat. Du warst immer nur das Käterchen an ihrer Seite und das wirst du jetzt zu spüren bekommen und feststellen, dass du keine eigenen Freunde mehr hast, oder je hattest.

Fazit: Wenn du dich gut unterordnen kannst und als zweite Geige nicht verstimmt bist, kannst du mit der Tigerin ein aufregendes Leben führen. Wenn sich ihre

Krallen im Alter abgenutzt haben, hast du durchaus Chancen auf ein gleichberechtigtes Dasein an ihrer Seite.

Die Sanfte wird dich mit Samtpfötchen durchs Leben leiten.

Sie ist die Königin, da sie die Königsdisziplin des Herrschens so gut beherrscht, dass man ihr Wirken (das Herrschen) kaum bemerkt.

Irgendwann wirst du dich fragen, wie alles in eurem Leben so gekommen ist, so wie es jetzt ist. Die Kinder, das Häuschen und alles andere kam einfach so und du kannst dich gar nicht erinnern, irgendetwas in dieser Richtung geplant oder entschieden zu haben. Dennoch ist alles da und es ist so wie es ist!

Die ganze Geschichte deines Lebens ist wie ein diffuser Traum, denn du warst in diesem Stück nie der Regisseur, sondern einfach nur eine Schachfigur. Mal ein Läufer, mal ein Springer, mal ein Bauer oder auch schon einmal, wenn auch selten, der Turm. Aber König warst du nie.

Sie hat dein Leben sanft in die Hand genommen und es für dich, ohne dass du dich anstrengen musstest, geführt.

Es kommt dir im Nachhinein vor, wie eine ruhige Schiffsreise auf dem Mittelmeer.

Sie hat dir deine Wunden geleckt und dich immer wieder aufgebaut, wenn du kleine Niederlagen davontragen musstest.

Fazit: Wenn du nicht der impulsive Abenteurer bist, dann hast du mit der Sanften ein gutes Los gezogen. Dein Leben wird weniger aufregend sein, als vielmehr ein gemütliches dahinschippern auf einem gutmütigem Meer.

Die Berechnende hat dich schnell ausgerechnet.

Wenn du ein Leben als Erfüllungsgehilfe der Wünsche deiner Frau führen möchtest, dann bitteschön, bist du bei ihr richtig.

Die Berechnende hat viele Wünsche, die du ihr erfüllen sollst. Bist du dazu nicht fähig, rechnet sie sich schnell und flink aus, wer an deine Stelle treten könnte. Sie überlegt unentwegt, was und wer dir und/oder ihr, beim nächsten Karrieresprung im Job helfen könnte. Euren

Bekanntenkreis stellt ausschließlich sie zusammen, da sie am besten weiß, was euch gut tut und nutzt.

Ganz ehrlich, du hast hier nichts zu melden, außer dich in ihrem Sinne zu äußern. Stellt sich nach ein paar Jahren heraus, dass du das falsche Pferd warst, hast du nichts mehr zu Lachen, denn sie wird dich mit Häme und Vorwürfen überschütten.

Wenn du einer Berechnenden begegnest dann haue ab, so schnell du kannst. Meinetwegen mache einen One-Night-Stand daraus, aber nicht mehr.

Wenn du aber vom gleichen Schlag bist und eure Berechnungen deckungsgleich sind, kann eine Beziehung mit ihr durchaus in gegenseitiger Befruchtung münden. Angeregende Gespräche, die in konspirative Pläne und Strategien in privater, wie geschäftlicher Hinsicht aufgehen, werden manchen Abend versüßen.

Fazit: Bist du eher der leutselige Typ, dann lasse besser die Finger weg von ihr. Du wirst ihr auf Dauer nicht gewachsen sein. Bist du aber ebenso berechnend wie sie, könnt ihr euch gegenseitig prima hochschaukeln.

Die Intellektuelle regt deinen Geist an und manchmal auch mehr.

Häufig kommt sie als nachlässig gekleidetes Pummelchen, mit messerscharfer Zunge daher. Sie fordert nicht mit ihrer Oberweite, sondern vielmehr mit ihrem Verstand heraus.

Mit Süßholzraspeln wirst du bei ihr wenig ausrichten außer, eventuell, beißenden Spott, oder einen geringschätzenden Blick zu ernten.

Aber sogar die Intellektuelle ist eine Frau mit Libido und eine Nacht mit ihr kann durchaus ekstatische Züge annehmen, da sie sexuell meist unausgelastet ist und über eine schier grenzenlose Fantasie verfügt.

Wenn sie erst in Fahrt kommt, ist von Prüderie nichts mehr zu bemerken und sie nimmt auch gerne einmal das Heft selber in die Hand, wenn du ihr zu langsam oder zu schusselig bist.

Mit der Intellektuellen wirst du viele Reisen unternehmen, da sie vielseitig interessiert ist und mit Faulenzen am Strand ist nichts, du wirst dich schon zu

Besichtigungen der örtlichen Sehenswürdigkeiten aufraffen müssen.

Wenn du einer reizvollen Intellektuellen begegnest und du sie für dich haben willst, hast du mit intelligentem Widerspruch beste Chancen bei ihr. Vermittle ihr das Gefühl, dass du sie nicht für ganz Ernst nimmst, das wird sie unweigerlich herausfordern und dir unterhaltsame Stunden bescheren.

Fazit: Mit der Intellektuellen kannst du ein hervorragendes Leben genießen und wenn du sie humorvoll nimmst, wird sie es dir schon danken.

Das Dummchen fragt viel, aber leider immer das Falsche.

Wenn du mit einem eher unterdurchschnittlichen Intellekt durch dein Leben driftest, könntest du dich bei einem Dummchen geistig ausruhen. Es spielt keine Rolle, ob ihr beide Hygiene mit y oder mit ü schreibt, Hauptsache es ist schön sauber.

Dummchen lässt dich fast immer ran, wenn dir danach ist. Dass sie dabei meistens auf dem Rücken liegt und ab und an dein Bemühen mit einem Ah oder Oh belohnt, wird dich sowieso nicht wirklich interessieren, da es dir ohnehin nur um dein eigenes Vergnügen geht.

Wenn Dummchen und du mit dem Spoileraufgemotzten, mit richtig Krach zur nächsten Disco rauscht, ist die Welt oder auch das Wochenende, für euch beide in Ordnung.

Bist du aber geistig nicht im Keller angesiedelt, dann lasse deine Finger vom Dummchen weg, mag sie auch noch so hübsch sein. Sie kann und wird dein Leben nicht bereichern und du verfällst mit ihr, im besten Fall, in Lethargie. Dummchen ist bestenfalls, für einen Augenblick der Unachtsamkeit, für einen Moment des

Gehenlassens für dich eine Wahl. Niemals aber eine Option fürs Leben.

Fazit: Solltest du einem Dummchen in einem Moment begegnen, in dem sexuelle Zurückhaltung nicht mehr funktioniert, vergesse nicht ein Kondom zu benutzen.

Kapitel 2

Der Anfang - erste Verliebtheit - die Umerziehung.

Jede Frau will geheimnisvoll und begehrenswert wirken. Das ist die Rolle, die ihr die menschliche Evolution genetisch zugedacht hat.

Du warst früher der Jäger und hast dich um Monogamie nicht viel geschert, denn du wolltest deinen Samen bei vielen Frauen verstreuen.

Die Frau aber, die Kinder gebären wollte, brauchte dich (den Mann) als Ernährer und Beschützer für sich und die Kinder. Deshalb war ihr Denken darauf hingerichtet, für dich möglichst attraktiv zu sein, damit du vom jagen immer wieder zu ihr, nach Hause, zurückkehrst.

Somit entwickelte sie, die Urfrau, ihre Strategie und Taktik der Manipulation schon aus rein überlebenstechnischen Gründen.

Sie bereitete dir dein Heim schön und behaglich, damit du dich ausruhen konntest und wohlfühltest. Sie hübschte sich für dich auf, damit du Begehren für sie entwickeltest. Sie spielte dir Orgasmen vor, damit du dachtest, dass du der größte aller Liebhaber bist.

Das war damals, vor tausenden von Jahren so und es hat sich hier bis in die heutige Gegenwart nicht so viel verändert.

In der heutigen Zeit, bist du ebenso ständig auf der jagt und musst Beute machen, nur eben auf eine andere Art und Weise, man nennt es heute Karriere.

Mit dem Wandel der Zeit hat sich selbstverständlich auch die Rolle der Frau in unserer modernen Gesellschaft gewandelt, denn plötzlich jagen auch Frauen der Beute (Karriere) hinterher und machen dir in vielen Bereichen Konkurrenz.

Auch die sexuelle Revolution ab der 1960er Jahre, mit dem Auftauchen der Antibabypille und die Emanzipazionswelle ab etwa der 1970er Jahre, hat das Bild und die Rolle der Frauen, gesellschaftlich prägend, verändert.

Wenn es aber darum geht ihre Ziele zu verfolgen, fällt Frau bei Bedarf mühelos in ihre Rolle des Urweibchens zurück und appelliert an dein Selbstverständnis des Jägers und/oder Beschützers, ganz so wie es gerade in ihren Kram passt.

In der Phase des Kennenlernens und ersten Verliebtheit zeigen sich beide, Mann und Frau, von ihrer Schokoladenseite. Beide wollen sich von ihrer besten Seite präsentieren und sind geneigt, kleine Schwächen des anderen zu übersehen und zu tolerieren, welche sich zu späteren Zeitpunkten der Beziehung, zu Vorwürfen hinsichtlich kleiner und großer Charakterschwächen entwickeln können.

Beide Seiten prahlen geradezu mit ihren Pfunden, wie sportliche Erfolge, Belesenheit oder auch Empathie (Einfühlungsvermögen), Zärtlichkeit und Aufmerksamkeit. Jedes Wort, jede Geste des anderen hat eine geradezu mystische Bedeutung und Wichtigkeit.

Die Frau wird in dieser Phase eine grandiose, schauspielerische Leistung abliefern. Sie wird dich umgarnen und besexen bis dir vor Wonne die Sinne schwinden. Dein Verstand wird kurzweilig aussetzen oder nach Süden in den Unterleib auswandern.

Du wirst dich urplötzlich für Dramen und Komödien, statt wie bisher für Actionfilme interessieren und keine Lust mehr auf Kneipentouren mit deinen Kumpels haben.

Nach und nach wirst du umgekrempelt und umerzogen. Du wirst sozusagen auf **ihre** Bedürfnisse an einen Lebenspartner zugeschnitten.

In jeder Frau lebt auch eine Mutter, ob sie es will oder nicht. Es ist in ihrem genetischen Code angelegt. Und die Rolle der Mutter ist auch eine erzieherische und das wirst du bald, schon nach ein paar wenigen Wochen schnell am eigenen Leib, zu spüren bekommen.

Ob deine Umerziehung nun spielerisch, pädagogisch oder schlichtweg matronenhaft erfolgt, liegt an ihrem Temperament, ihrer Mentalität, ihrem Charakter, ihrer Raffinesse und nicht zuletzt auch an der Intelligenz deiner Auserwählten.
Wobei es die »Auserwählte« eigentlich gar nicht gibt, denn auswählen ist ausschließlich Frauensache. Insofern wurdest du auserwählt, auch wenn du es andersherum siehst, mach dir nichts vor. Der Chef im Ring ist die Frau, da kannst du deine Muckis spielen lassen, wie Du willst. Wenn sie nicht will, dann will sie nicht und du machst nichts dagegen.

Kapitel 3

Was hat du mit ihrem Vater und ihren Ex- Männern zu tun?

Um diese Frage, für dich zu klären, solltest du möglichst ihren Vater kennenlernen und ihn studieren.

Frage sie, so gut du kannst, nach ihrem Vater aus, ohne dabei zu offensichtlich zu sein. Frage sie nach den Eigenschaften, welche sie an ihrem Vater schätzte und welche sie nicht so gerne mochte. Denn bedenke, der Vater ist für die meisten Frauen die erste männliche Bezugsperson und erster, platonischer Liebhaber.

Somit möchte sie natürlich, dass du ihm in seinen guten Eigenschaften, so ähnlich wirst, wie es nur eben geht, damit sie das Gefühl der Sicherheit und Geborgenheit ihrer Kindheit und Jugend, was ihr Vater ihr vermittelte, bei dir wiederfindet.

Ebenso möchte sie sicher nicht, dass sie die schlechten Eigenschaften ihres Vaters bei dir wiederfindet. Vielleicht war er ja ein Nichtsnutz oder Tausendsassa, der anderen Frauen nachgestiegen ist. Vielleicht war er insgesamt unzuverlässig und machte Versprechungen, die er nie eingehalten hat.

Ihr Vater war, im guten und idealem Fall, ihr erster Ritter, Beschützer und Halbgott! Und diese Rolle sollst du nun ausfüllen.

War ihr Vater ein Ehebrecher oder Schuft, solltest du ihm natürlich nicht nacheifern.

Wenn du nun nicht eben eine unerfahrene Jungfrau erwischt hast, wird deine Angebetete möglicherweise schon eine oder mehrere Beziehungen hinter sich haben. Selbstverständlich bist du auf jeden einzelnen deiner Vorgänger höchst eifersüchtig.

Eifersucht ist eine höchst destruktive Gefühlswallung, die es zu beherrschen gilt und, in deinem Fall, positiv umzuwandeln indem du diese Energie nutzt, um dein Herzblatt noch mehr für dich einzunehmen.

Gehe einfach einmal davon aus, dass sie, hat sie hier schlechte Erfahrungen mit deinen Vorgängern gemacht, dich auch hier abklopfen wird. Bevor es dazu kommt, ist es besser, dass du selbst die Initiative übernimmst.

Frage sie einfach behutsam und vorsichtig danach, wie es dazu gekommen ist, dass die früheren Beziehungen nicht funktioniert haben und warum sie in die Brüche gegangen sind.

Sie wird für dein behutsames Interesse dankbar sein. Sei und bleibe hier unbedingt einfühlsam und verständnisvoll. Denke daran, dass du auf ihrer verletzten Seele herumtanzt und ein langsamer Blues ist, in dieser Sache, allemal besser als ein wildes Hipp-Hopp-Gehopse.

Je nachdem was sie dir erzählt und welches Temperament sie hat, kannst du nun temperiert auf das von ihr gesagte, reagieren.

Ist der Ex vielleicht fremdgegangen oder war er sogar körperlich aggressiv, kannst du mit heißer Empörung trumpfen. Hat sich die Angelegenheit einfach nur auseinandergelebt, ist es besser sanftes Verständnis zu äußern.

Wie gesagt ist hier Behutsamkeit dein oberstes Gebot. Halte deine Eifersucht, auch und eben die sexuelle, im Zaum und denke daran, dass auch du dein sexuelles Vorleben hattest und du nicht das Recht hast, bei ihr den Moralapostel zu spielen.

Kapitel 4

Was meint Frau, wenn sie etwas sagt?

Es ist beinahe schon ein Klischee »Frau sagt Nein und meint Ja«. Oder »ein Mann ein Wort, eine Frau ein Wörterbuch«.

Frauen kommunizieren untereinander ganz anders, als wir Männer es tun. Während wir (Männer) uns im Wesentlichen auf das Inhaltliche konzentrieren und den Informationsgehalt in den Vordergrund stellen, quasseln Frauen für uns absolut unstrukturiert und oft ohne erkennbaren Sinn und Inhalt.

Doch dieser Eindruck ist natürlich falsch und basiert auf unsere männliche Unfähigkeit, oder Beschränktheit, der nonverbalen Kommunikation.

Ein kleines Beispiel gefällig?

Deine Liebste ist gerade beim Shopping und will dich vielleicht mit einem neuen Fummel überraschen. Nun rufst du sie auf ihrem Handy an und teilst ihr mit, dass du dich spontan entschlossen hast, am Abend gemeinsam mit deinen alten Kumpels ein Fußballspiel im Fernsehen zu gucken.

Auf diese Angelegenheit wird sie kurz angebunden reagieren und dir viel Spaß und Vergnügen wünschen, natürlich hörst du ihren Sarkasmus nicht heraus. Für dich ist jetzt alles klar und du freust dich auf den Fußballabend mit den Jungs und bist ihr für ihr Verständnis dankbar.

Sie jedoch ist in Wirklichkeit stinkesauer auf dich, deine Kumpels und auf das Fußballspiel. Diese Art von Spontanität, welche dich ihr entzieht, schätzt und mag sie gar nicht, sie würde sogar mit dir zusammen das Spiel schauen, obschon Fußball sie gar nicht interessiert. Hauptsache sie ist mit dir zusammen! Frauen wollen eben vereinnahmen und verzeihen es nicht, dass man ihr ihren Liebsten entzieht!

Diesen Fußballabend wirst du auf die ein oder andere Weise vielleicht noch bereuen, denn »Frau« vergisst nie und auf eine Retourkutsche darfst du dann gefasst sein, wenn du schon längst nicht mehr an diesen Abend denkst.

Merke dir vier Dinge, wenn Frau mit dir reden will:

1) Sie möchte, dass du ihr zuhörst.
2) Sie möchte nicht unterbrochen werden.

3) Sie möchte verstanden werden.

4) Sie möchte deine Zustimmung.

Erkläre ihr, wie wichtig sie für dich ist und es dir am Herzen liegt, dass sie sich wohlfühlt in eurer Beziehung und du auf gar keinen Fall Spannungen aufkommen lassen möchtest.

Wiederhole ihr Problem mit deinen eigenen Worten, damit zeigst du ihr, dass du sie verstanden hast, ihr Problem erkannt und ihr aufmerksam zugehört hast. Damit hast du schon mal die halbe Miete.

Wenn du jetzt aber die Nase voll hast und deine Ruhe willst oder den Krimi oder das Fußballspiel gucken möchtest, dann vertage das Gespräch, indem du sagst, dass du über das Gesprochene nachdenken musst oder möchtest und jetzt nichts überstürzen willst. In der Regel solltest du jetzt erst einmal Ruhe haben und sie wird sich, fürs Erste, zufrieden geben.

Bedenke jetzt nur, dass ihr Problem nicht vom Tisch ist, sondern sie vielmehr von dir erwartet, dass du auch tatsächlich darüber nachdenkst und ihr beizeiten eine Lösung, oder zumindest einen Kompromiss, präsentierst.

Wenn Frau mit folgenden Sätzen reagiert, sollten bei dir die Alarmglocken läuten:

- ✗ Wie du meinst.
- ✗ Muss ich denn alles ständig wiederholen?
- ✗ Du verstehst mich einfach nicht!
- ✗ Du hörst mir nicht richtig zu!
- ✗ Immer schaltest du auf Durchzug, wenn ich was zu sagen habe.
- ✗ Ich bin dir nicht wichtig.

Bekommst du von ihr solche Aussagen, kannst du sicher sein, dass das Thema für sie nicht beendet ist und es bei nächster Gelegenheit wieder auf den Tisch kommt.

Muss ich denn alles ständig wiederholen?

Entweder hast du es bei ihr zum Vollpfosten gebracht oder sie fühlt sich von dir nicht verstanden.

Du verstehst mich einfach nicht.

Sie hat das Gefühl, dass du ihre Sorgen nicht teilst und sie nicht ernst genug nimmst.

Du hörst mir nicht richtig zu!

Sie ist zu der Überzeugung gelangt, dass du ein Kommunikationsdefizit hast und das von ihr Gesagte nicht in ihrem Sinne registrierst.

Immer schaltest du auf Durchzug, wenn ich was zu sagen habe.

Sie fühlt sich von dir nicht ernst genommen und hält dich für einen Ignoranten ihren Gefühlen und Problemen gegenüber.

Ich bin dir nicht wichtig.

Sie hat ein Liebes- und Zuneigungsdefizit. Sie fühlt sich von dir nicht wahr- und wichtig genommen.

Wenn dir solche oder ähnliche Aussagen von ihr um die Ohren fliegen, solltest du ihr sofort deine volle Aufmerksamkeit und Zuneigung schenken, wenn du nicht ihren inneren Abschied von dir und eurer Beziehung provozieren und riskieren willst.

Sehe es ein, eine jede Frau braucht Aufmerksamkeit wie Pflanzen und Blumen Wasser brauchen. Nur durch Aufmerksamkeit kann eine Frau erblühen. Bekommt sie diese nicht von dir, wird sie entweder an deiner Seite verkümmern und vertrocknen, oder sie wird sich Aufmerksamkeit woanders holen. Beide Optionen können für dich nicht gut sein, es sei denn, du beabsichtigst dich von ihr zu trennen.

Kapitel 5

Was versteht Frau unter Harmonie und Einklang?

Manche, wenn nicht gar viele Menschen sind der Meinung, Harmonie und Einklang seien ein und dasselbe. Dieser Meinung bin ich nicht.

Mit dem Partner im Einklang zu sein, bedeutet für mich, für einen Augenblick oder einen Moment den Partner ohne Worte zu verstehen, seine Seele zu spüren oder sich einfach eins mit ihm oder ihr zu fühlen.

Diesen Einklang kann man nur zu zweit in wenigen, intimen Augenblicken mit dem Partner spüren und benötigt die Zeit, die es braucht, um den anderen wirklich kennenzulernen. Harmonie hingegen kann man mit einem Partner, schon nach kurzer Zeit empfinden. Beispielsweise in einer innigen Umarmung oder bei einem Spaziergang, im Mondlicht am Strand im Urlaub.

Ein Mann kann Harmonie durchaus in verschiedenen Situationen mit wechselnden Partnern erleben. An einem bier- oder weinseligen Abend mit den Kumpels, die man schon von der Schule her kennt, oder in einem Stadion bei einem Fußballspiel, wenn man sich freudetaumelnd, nach einem Tor für die eigene Mannschaft, in die Arme fällt.

Der Moment wo Mann mit dem besten Freund oder Freundin das brandneue Cabrio, bei strahlendem Sonnenschein über die Autobahn jagt, heißt für den Mann, wahre Harmonie und tiefe Zufriedenheit empfinden.

Das Gefühl von Harmonie kann für Mann auch dann einsetzen, wenn sie (Frau) bei der Sportschau einfach den Rand hält oder mit verschränkten Armen, Löcher in die Luft starrt und das Bier schön kalt ist und gut schmeckt.

Männer sind in Sachen Harmonie sehr einfach zufriedenzustellen, oder verwechseln diesen Zustand einfach mit Augenblicken der Zufriedenheit und hinterfragen den wahren Zustand des Harmoniepartners selten oder gar nicht. Er setzt den gleichen Zustand der Harmonie, den er selber gerade empfindet, bei ihr geradezu voraus.

Bei Frauen ist der Zustand von Harmonie ungleich schwerer herzustellen, hier braucht es um einiges mehr als ein Fußballspiel oder ein paar Bier mit den Kumpels.

Wenn es bei einem Mann oft schon ausreicht, dass er Freude und/oder Zufriedenheit empfindet und sich das Gefühl von Harmonie für ihn einstellt, müssen bei einer Frau noch einige Kriterien mehr gegeben und erfüllt sein um ein echtes Harmonieempfinden auszulösen.

Eines der wichtigsten Kriterien ist hier das Vertrauen. Das Vertrauen, sich geborgen zu fühlen, das Vertrauen, gehört- und ernst genommen zu werden.

Hinzu kommt bei der Frau die Empathie, sich in den anderen einfühlen- und ohne Gesichtsverlust oder Angst, fallenlassen zu können.

Auch hier gilt wieder, für den Mann ist Harmonie, ganz pragmatisch, ein Zustand tiefer Zufriedenheit mit sich selbst und seiner Umgebung.

Die Frau benötigt hier ein gutes Bauchgefühl, ein sicheres Umfeld und Vertrauen zu ihrem Partner.

Sie empfindet Harmonie, wenn sie beispielsweise mit dir alte Songs von früher hört, mit dir euer erstes Date revue passieren lässt und sich dabei bei dir sicher, geborgen, verstanden und geliebt fühlt.

Also merke dir unbedingt, wie wichtig der Zustand der Harmonie für sie ist und führe ihn für sie herbei, wenn du eine tolle Nacht mit ihr haben möchtest. Ein besseres Mittel der kunstvollen Verführung wirst du nur schwerlich finden.

Wenn du dir bezüglich ihres Harmonieverständnisses unsicher bist, dann frage sie einfach. Sie wird dein Interesse schätzen und dir ein paar Pluspunkte auf deiner Habenseite gutschreiben.

Kapitel 6

Emanze, Femme fatale oder Weibchen. Liebe oder Materielles?

Diese Frage musst zuallererst du dir selbst beantworten. Was willst du? Eine Emanze oder ein Weibchen? Und in welchen Schattierungen?

Sicher kennst auch du den Spruch von einer idealen Frau »in der Küche eine gute Köchin, in der Freizeit ein guter Kumpel, zu den Kindern eine gute Mutter und im Bett eine raffinierte ...«.

Schaue zuerst einmal in den Spiegel und betrachte dich innerlich und äußerlich und dann bewerte dich auf einer Skala von 1 - 10 einmal selber, ohne dich selber anzuflunkern. Den Notizzettel kannst du anschließend wegwerfen, dass ihn keiner sieht.

Wenn du beispielsweise zu dem Schluss kommst, dass du nicht gerade entscheidungsfreudig bist, macht es für dich wenig Sinn, dich nach einem Mäuschen umzusehen, welches sich selber niemals richtig für irgendetwas entscheiden kann. Dann wäret ihr zwei Zauderer, die auch gemeinsam unfähig für Entscheidungen, egal in welcher Lebenslage auch immer, sind.

Hast du auf deiner Skala für Dominanz die 10 für dich eingetragen, wirst du endlose, kleine und große, Kriege mit einer ausgewachsenen Emanze als Partnerin führen.

Wenn du deinen Doktor in Teilchenphysik in der Tasche hast, wird die kleine Brünette, die halbtags in einer Bäckerei verkauft, weil der Schulabschluss nicht für größere Ziele reichte, kaum deinem Bedürfnis nach geistigen, akademischen Wanderungen entsprechen können und umgekehrt natürlich auch nicht.

Sollte dein Freundes- und Bekanntenkreis aus lauter Vollpfosten bestehen, denen es egal ist ob man z. B. Hygiene mit »ü« oder mit »y« schreibt (mein Lieblingsbeispiel) und es dir obendrein selber auch gleichgültig ist, dann ist die nächste Bäckerei oder Metzgerei vielleicht genau der richtige Ort für dich, wo du dich nach einem Frauchen umschauen solltest.

Denn auch deine neue Eroberung wird sich schon recht genau ansehen wollen, mit wem und in welchem Umfeld du zu verkehren pflegst. Dieses gehört schließlich zu deinem Leben, welches du eventuell mit ihr teilen möchtest, respektive sie mit dir teilen sollte.

Gegen emanzipierte Frauen ist grundsätzlich nichts einzuwenden, vorausgesetzt, du kommst mit offen vorgetragenen Forderungen klar. Auch die größte Emanze lässt sich gerne die Tür aufhalten und in den Mantel helfen, aber wenn du dir den heißen zweisitzigen Flitzer zulegen willst, sie aber an Nachwuchs denkt, dann mache dich schon mal mit einem VAN vertraut oder, bestenfalls, mit einem SUV.

Jedoch kann einem Mann wenig besseres als eine emanzipierte Frau begegnen, wenn es sich nicht gerade um eine Kampfbiene handelt. Schließlich willst und suchst du eine gleichberechtigte Partnerin, die deine Schwächen und Defizite ausgleicht und kein Mäuschen, die nur Ja und Amen sagt. Das wäre doch arg langweilig oder?

Wenn du deine Beziehungen lieber an der Oberfläche führst und gegebenenfalls über ein bisschen Kleingeld verfügst, ist ein austauschbares Weibchen vielleicht besser für dich. Schaue mal auf deiner persönlichen Skala nach.

Manche Menschen liegen eben lieber am Strand und achten auf ihren aktuellen Bräunungsgrad, als dass sie sich in tiefenpsychologischen Gesprächen versuchen. Möchtest du also lieber ein luxuriöses Weibchen, wird sie dich daran messen, welche Wünsche du ihr erfüllen willst und kannst.

Allerdings darfst du hier nicht unbedingt auf bedingungslose Loyalität bauen. Auf der anderen Seite ist eine solche Beziehung auch leichter zu lösen und du kannst dich neuen Weibchen hingeben.

Kapitel 7

Verführung, Sinnlichkeit und Sex. Frau und Bett, was will sie?

Hier wird nicht die Rede von One-Night-Stands oder »aufreißen« sein, dafür gibt es andere Publikationen. Vielmehr beschäftigen wir uns mit der Dame deines Herzens, die du endlich gefunden glaubst und die du nun, von der platonischen auf die sinnliche Ebene eurer neuen Beziehung führen willst.

Uns Männern ist es im Zweifel schnurzegal, wo wir Sex haben und machen. Zur Not tut es ein schummriger Hauseingang, eine Toilette oder ähnliche, unappetitliche Orte, wo wir unserem Drang nach sofortiger Lusterfüllung nachgehen können. Das Blut fließt in solchen Momenten weniger in unserem Hirn als vielmehr anderswo hin und somit sind wir zu einem »normalen« Denken und handeln nicht mehr fähig. Sei es drum, das ist unsere Natur und wir müssen uns deswegen nicht schämen, da wir dann kurzfristig eben unzurechnungsfähig sind.

Welch eine Neuigkeit erzähle ich dir, wenn ich dir sage, das Frauen, in der Regel, hier ganz anders ticken und empfinden.

In schlechten Erotikfilmen wird dir, als Zielgruppenangehörigem, weisgemacht, du müsstest ihr nur an den Busen oder zwischen die Beine grapschen und schon ist die Süße hin und weg und dir sofort willig ergeben.

Der viel zitierte Satz von Humphrey Bogard zu Ingrid Bergmann in dem Film Casablanca »Ich schau dir in die Augen Kleines«, wird heute sicher auch nicht mehr die Ladys in deine Arme treiben, sondern dir vielmehr einen Blick einbringen, der an deinem Geisteszustand zu zweifeln scheint.

Dennoch sind ihre Augen das Einfallstor in ihren Underground. Hier und nur hier liegt dein Schlüssel zu den Tiefen ihrer Seele. Also benutze deine Augen um ihre Augen für dich und dein Begehren zu öffnen.

Frauen brauchen im Allgemeinen die für sie richtige, heißt sichere und angenehme, Umgebung. Wenn die unvermeidliche Frage »zu dir oder zu mir« unausgesprochen oder ausgesprochen auftaucht, dann wähle im Zweifel zu ihr!

Ihr eigenes Heim ist ihr vertraut, hier kann sie sich gehen lassen und muss nicht hinter fremden Schranktüren eventuell böses Spielzeug in Form von Ketten, Handschellen etc. vermuten.

Sie muss sich nicht an fremde und störende Gerüche gewöhnen, oder deinen Ordentlichkeitslevel begutachten. Nein, sie muss sich nicht erst an Fremdes gewöhnen und kann sich ganz auf sich selber konzentrieren. Hinzu kommt die Sicherheit, dass sie die ganze Sache auch abblasen kann, wenn ihr etwas, also du, zuwider läuft.

Wenn es also so weit ist, dass sie dich in ihre Wohnung lässt, dann überfalle sie nicht sogleich hinterrücks und plump, außer sie wagt den ersten Schritt und überfällt dich.

Wenn sie noch einmal schnell ins Bad möchte, dann respektiere das und begehe nicht den Fehler, dich jetzt schon auszuziehen, denn das zeugt von wenig Raffinesse und Respekt. Nutze diese Zeit und lege vielleicht eine romantische CD in den Player oder schaue dir einige Buchtitel in ihrem Regal an, somit hast du für später schon einmal ein wenig Gesprächsstoff und du stehst nicht als Blödel da, wenn dir einmal rein gar nichts einfällt, was einer Unterhaltung dienen könnte.

Wenn sie dann endlich aus dem Bad kommt, wird sie sich je nach Typ und Veranlagung verhalten und eventuell umgekleidet haben. Ist sie ein selbstbewusster Vamp und kommt im kleinen Schwarzen, brauchst du weiter keine Erklärungen.

Oft trifft es aber zu, dass sie jetzt ein wenig verunsichert ist und sich Fragen stellt, wie »gefalle ich ihm?«, »wirke ich zu dick?« Oder »Was ist, wenn ihm mein Busen zu klein ist?« Und tausend andere Fragen.

Das kann zu Verunsicherungen und Verkrampfungen ihrerseits führen und jetzt ist es an dir, die Situation für sie zu entspannen und es kommen ihre Augen ins Spiel.

Gehe also sachte auf sie zu und nehme ihren Kopf in beide Hände, schaue ihr tief und stark in die Augen. Berühre sanft ihre Schultern, streichle ihren Rücken, nimm ihre Hände in deine und drücke sie sacht.

Indem du das tust, ohne direkt und plump an das Eingemachte herumzufummeln, schaffst du Vertrauen und gibst ihr Sicherheit und somit ist sie dort angekommen, wo sie gerne sein möchte, in Harmonie mit sich und dir, um sich dir hingeben zu können.

Das klingt dir alles zu schmalzig und nach »vom Winde verweht«? Ja, natürlich hast du recht, von deiner Warte aus betrachtet. Aber es geht hier einmal nicht um dich, denn du weißt ja schon, was du gerade willst. Nur ist es jetzt dein Job, ihr nahezubringen, dass sie dich auch wollen soll, nur so bekommst du den Sex, denn du dir von ihr erwartest und erträumst und kein Nagelbrett welches dich einfach nur mal ran lässt, um dir zu gefallen, oder dabei an Winnetou denkt.

Selbstverständlich gibt es in der Verführungskunst kein Allgemeinpatent oder Rezept. Dazu sind Frau und Mann, ihre Wünsche und Bedürfnisse, die augenblickliche Verfassung, das Zusammenspiel der Hormone, Gerüche, die Umgebung und nicht zuletzt die Motive unendlich variierbar.

Was bei der einen Partnerin funktionierte, kann bei einer anderen vollkommen daneben, oder buchstäblich in die Hose gehen. In den Kapiteln oben haben wir bereits besprochen, wie viele unterschiedliche Typen von Frauen es gibt und diese »Typenliste« ließe sich noch beliebig erweitern. Aber nochmals, vernachlässige niemals die Motivforschung. Denn in den Motiven ist oft schon das »Ach und Weh« angelegt.

Kapitel 8

Wie kannst du Frau aus ihrer Reserve locken?

Führe sie in Versuchung, indem du sie in eine Umgebung und Atmosphäre lockst, die ihren Vorstellungen entsprechen. Da du ja kein Hellseher bist, solltest du versuchen, durch geschicktes Fragen ihren Wünschen und Vorstellungen recht nahe zu kommen.

Wie kannst du sie so herausfordern und aktivieren, dass du die Lady in deine Arme, in dein Bett und vielleicht auch in dein Leben bekommst?

Wie wir weiter oben schon festgestellt haben, gehen die Sinneseindrücke, die Frau erlebt und empfindet, um einiges über die des Mannes hinaus. Jede Frau hat einfach einige Dimensionen mehr drauf als irgendein Mann. Und das macht sie uns Männern gegenüber, in mancher Hinsicht, überlegen. Wir (Männer) mögen ja die geborenen Jäger sein, aber Frauen sind die geborenen Lenker und ich meine hiermit nicht Führer.

Frauen möchten sehr wohl, dass Männer sie führen. Aber lenken, das heißt, die Richtung bestimmen, wollen immer noch sie selber.

Gehe einmal mit einer Frau in ein Möbelhaus und suche mit ihr ein gemeinsames Schlafzimmer aus. Sie wird dich dahin lenken, was dir gefallen soll. Danach darfst du wieder die Führung übernehmen, beispielsweise an der Kasse oder bei der Transportfrage.

Letztendlich bestimmt die Frau, mit wem sie eine Nacht verbringen möchte und wenn du der Auserkorene bist, wird sie dich schon dahin lenken, dass du ihr in dieser Sache Avancen machst. Sie überlässt dir den Ruhm des Eroberers, aber die Lenkerin ist sie. Du hast nur ihre Signale in ihrem Sinne richtig interpretiert.

Wenn du schon ihre Signale richtig interpretiert hast, was sicher nicht sehr schwer war, denn sie hilft dir zur Not schon auf die Sprünge, dann gib dir wenigstens entsprechende Mühe, was ihre Vorstellungen, Wünsche und Bedürfnisse anbetrifft.

Damit du in den Genuss ihrer Sinnlichkeit und Bereitschaft kommst, solltest du nun dafür Sorgen, dass ihre Libido aktiviert wird.

✔ Verschaffe ihr eine Umgebung, die sie inspiriert.

- ✔ Das Umfeld sollte ihr die Sicherheit geben, ihren Verstand ausschalten zu können.

- ✔ Ein Meister bist du, wenn du für die richtigen Düfte und Aromen sorgst.

- ✔ Gib ihr das Gefühl, dir blind folgen zu können.

- ✔ Wenn Sie sich von deinem Wesen und deiner Persönlichkeit angezogen fühlt, sie aber noch nicht schlau aus dir wird, lasse ihr ihre Neugier, Frauen lieben kleine Geheimnisse.

- ✔ Spiele das Spiel von Nähe und Distanz und rücke ihr nicht zu schnell und plump auf e Pelle.

- ✔ Gib ihr das Gefühl, etwas ganz Besonderes, etwas einzigartiges für dich zu sein.

Wenn dir an der Dame deines Herzens mehr liegt als nur eine flüchtige, sexuelle Begegnung, dann solltest du mit dem Werben beginnen und hierbei nicht zu knauserig sein (ich meine hier nicht unbedingt Geld).

Suche ihre Augen, schenke ihr immer wieder ein kleines Lächeln. Berühre ihre Hände, ihre Schultern und vermittele ihr Schutz und Nähe. Komplimente, kleine Überraschungen und Aufmerksamkeiten, spontane Aktionen im Mix angewendet, wird sie immer mehr für dich einnehmen.

Eine Kurznachricht, dass du gerade an sie denkst oder eine Rose mit einem kleinen Zettel am Auto, unter ihren Scheibenwischer geklemmt, wirkt wahre Wunder. Streng dich an und lasse dir etwas einfallen, nur werde nicht aufdringlich, denn zu viel ist zu viel und kann ermüden.

Kapitel 9
Was ist das Wesen der Urfrau?

Was denkst du, wie lässt sich das Wesen der Urfrau definieren und heute noch finden?

Findet man dieses Wesen der Urfrau (ich meine hier das innere Wesen, die Seele) in amerikanischen Seifenopern? Oder gibt sich dieses Wesen durch Doppelnamen wie Frau Lichtenstein-Kreuzbürger oder ähnliche Namensungetüme zu erkennen?

Oder findet man dieses Wesen auf Laufstegen, in Paris oder Mailand, spindeldürr und der Magersucht nahe, der Bullemie anheimgefallen, rauf und runter stolzierend?

Oder vermutest du es auf einer Partyinsel wie Ibiza, reichen Männern oder denen die so tun, Blow-Jobs versprechend, um Eheringe bettelnd?

In der heutigen Zeit und in unseren Breitengraden, sind viele junge Frauen aller Schichten ausschließlich mit sich selbst beschäftigt, sei es dass sie unbedingt singen oder tanzen wollen, oder eine Modelkarriere mit anschließendem Jetset-Leben anstreben. Manche beschränken ihre Partnersuche auf Internetportale, die

die herkömmlichen Partnerschaftsanzeigen in den Printmedien, gerade bei modernen und jüngeren Frauen, abgelöst haben.

Hier wird dann nach dem schlachtbereiten Ritter auf dem weißen Pferd gesucht, der sich nicht zu schade ist im Haushalt nachhaltig die Hand mit anzulegen und überdies freudig den Erziehungsurlaub für entbundene Kids beantragen wird, um »ihre« Karriereplanung nicht zu gefährden.

Muckis und einen Sixpack soll er gleichsam haben wie auch ein gehobenes Interesse an diversen Kochsendungen des Fernsehens mit dem unbedingten Willen, das hier gelernte alsbald in der Küche, nebst den Einkäufen in Bioläden, umzusetzen, wenn Jane mal Appetit auf kulinarisch anspruchsvolles hat.

Was ist nur passiert mit den Frauen? Was hat ihre Urinstinkte so getrübt, dass sie uns Männern heutzutage beides abverlangen, das maskuline, das männliche und gleichzeitig das feminine, also weibliche Eigenschaften erwarten?

Parallel zu ihren Forderungen nach dem modernen Mann, der männlich und weiblich zugleich zu sein hat, entwickeln sie männliche Eigenschaften in und an sich und verdrängen ihre Weiblichkeit in die Tiefen ihrer Seelen.

Ich will hier gar nicht gegen die Emanzipation reden. Auch ich möchte starke, selbstbewusste Frauen mit eigenen, starken Persönlichkeiten. Selbstverständlich stehen Frauen in allen Belangen, die gleichen Rechte zu wie Männern.

Sicher darf es keine Unterdrückung oder Bevormundung der Frauen durch Männer mehr geben, wie es in früheren Zeiten war. Ich erinnere noch die frühen 1970er Jahre, als verheiratete Frauen, wenn sie sich eine Arbeit suchen wollten, dass Einverständnis ihrer Ehemänner einholen mussten. Ebenso konnten Frauen in diesen Zeiten nicht einmal den PKW-Führerschein, ohne die Erlaubnis ihrer Ehemänner, machen.

Diese patriarchischen Zeiten sind, zumindest in unseren demokratischen Ländern, vorbei und viele internationale Frauenbewegungen protestieren, zu Recht, gegen die Unterdrückung von Frauenrechten und für die Gleichberechtigung der Frauen in, beispielsweise, islamisch geprägten Staaten.

Hier kann man allgemein konstatieren, dass in Staaten, in denen es keine Gewaltenteilung zwischen Religion und Staat gibt, meist die Frauen die Unterdrückten sind, da es sich hier in der Regel um patriarchische Systeme handelt.

Aber all dies ist meines Erachtens kein Grund dafür, dass Frauen sich vermännlichen und das Wesen der Urfrau in sich unterdrückt.

Was hat die Urfrau für ein Wesen gehabt?

Die Urfrau und der Urmann hatten, wie man heute sagen würde, einen unausgesprochenen Deal miteinander.

Sie war seine Dienerin und er war ihr Beschützer und Versorger. Als es noch keinen Ackerbau gab, war die Frau auf die Stärke und das Jagdgeschick ihres Mannes angewiesen.

Sie hat für ihn das gemeinsame Heim gestaltet, dekoriert und in Schuss gehalten. Wenn er erschöpft aber mit Beute (Nahrung) zu ihr heimkehrte und wenn er lange genug und versonnen in den Nachthimmel oder ins Lagerfeuer geblickt hatte, hat sie seine Blessuren gepflegt, ihn nach der jagt befragt, ihn geliebt und ihn überhaupt umsorgt, sodass er bald wieder, gesund und munter, neuem Jagdglück entgegenstreben konnte.

Nebenher gebar sie ihre gemeinsamen Kinder und stellte somit sicher, dass sie im Alter, ihre Kinder als Absicherung hatten. Gleichsam tat sie alles, damit er voller Erwartung zu ihr zurückkehrte um seinem Urinstinkt der Samenstreuung bei fremden Weibchen entgegenzuwirken und zu unterbinden.

Das Wörtchen »dienen« wird mancher eingefleischten Feministin bitter aufstoßen, jedoch ist es in oben genannten Zusammenhängen überhaupt nicht als negativ besetzter Ausdruck zu verstehen. Dienen ist hier nicht mit Sklaverei gleichzusetzen, auch Monarchen dienen ihrer Krone, Beamte und Abgeordnete dienen dem Staat oder ihrem Wahlvolk und niemandem käme es in den Sinn, hier irgend jemanden einen Sklaven zu nennen.

Auch Männer dienen ihren Frauen, beispielsweise als Ernährer oder Versorger. Sie dienen als Beschützer oder als Väter, um nur weniges zu nennen.

Dienen ist eine Tätigkeit und bedarf, wenn nicht missbraucht, ein hohes Maß an Integrität und Verantwortung. Dienen im Zusammenhang mit Liebe,

Partnerschaft und Zuneigung hat überhaupt nichts mit Katzbuckeln und Unterdrückung zu tun.

Wenn wir also das Dienen in diesem Kontext betrachten, dann haben wir schon einmal eine grundlegende Eigenschaft für das Wesen der Urfrau gefunden, da sie nicht aus Zwang, sondern vielmehr aus Liebe und Fürsorge ihrem Mann, ihren Kindern, eben ihrer Familie, diente.

Darum hat die Uhrfrau ihrem Mann gerne gedient, weil er ihr auf der einen Seite Sicherheit und Versorgung gewährleistete und auf der anderen Seite wollte sie natürlich seinen Urtrieb, der Samenstreuung entgegenwirken.

War der Mann damals noch ganz bei Trost und im Vollbesitz seiner geistigen Kräfte, ist er ganz sicher nicht in eine fremde Höhle eingedrungen um sich mit der Nachbarsfrau zu paaren, die ja ebenfalls ein Interesse an einer intakten Beziehung mit ihrem eigenen Mann hatte.

Das Wesen der Urfrau ist dort zu finden, wo es um Liebe, Geborgenheit, Partnerschaft, Harmonie, Familienerhalt und Fortpflanzung geht. Diesen Werten mochte und wollte sie dienen

Kapitel 10

Für immer und ewig, oder besser nicht?

Die Frage nach Heirat bzw. Eheschließung ist eine sehr weitreichende und absolut Lebensbeeinflussende, gerade dann, wenn der Wunsch nach Kindern einhergeht.

Bei der anfänglichen Verliebtheit, wenn die Schmetterlinge fliegen, steht es für viele außer Frage »die oder keine« oder »der und kein anderer«.

Für dich beginnt die gefährliche Phase, wenn deine Lady anfängt an dir oder besser, an deinen Klamotten herumzufummeln und dir vielleicht einen neuen Haarschnitt verpassen will. Dann solltest du dir langsam überlegen, ob sie die Herzdame deines Lebens werden soll.

Frage Dich unter anderem:

♥Haben wir gleiche Interessen und Vorlieben?
♥Können wir ohne Langeweile zusammen sein?
♥Haben wir einen ähnlichen Humor?
♥Mögen wir die gleiche Art von Menschen?
♥Sind wir uns in finanziellen Dingen einig?

Sei achtsam und hellhörig:

- ✔ Wenn sie dir von Hochzeiten anderer erzählt.
- ✔ Wenn sie erwähnt, dass alle schon unter der Haube sind, nur sie nicht.
- ✔ Wenn sie beim Shoppen wie zufällig an Geschäften mit Brautkleidern mit dir vorbeigeht.
- ✔ Wenn sie sich für Ringe (Eheringe) zu interessieren beginnt.
- ✔ Wenn sie von Ungerechtigkeiten eurer beider Steuerklassen spricht.

Ich schreibe hier nicht als Eheberater, noch schreibe ich gegen die Ehe an sich, für manchen mag sie sinnvoll und erstrebenswert sein, für andere eben weniger.

Unter rein steuerlichen Aspekten betrachtet, mag die Ehe manchem reizvoll erscheinen und bei einem Kinderwunsch ist sie für den Mann geradezu ein Muss, will er sich mitverantwortlich um die Erziehung der Kids kümmern.

Nur muss man sich dessen bewusst sein, dass ein »für immer und ewig« in unserer heutigen, schnelllebigen Gesellschaft, vielleicht nur 10 oder 15 Jahre bedeuten.

Eine lebenslängliche Haftstrafe besagt in Deutschland mitnichten, dass der Übeltäter auch ein Leben lang hinter Gittern verbringen muss. Das kann hier (Deutschland) höchstens dann geschehen, wenn die Tat so abscheulich war, dass eine lebenslange Haft nur dann passieren kann, wenn im gerichtlichem Urteil eine anschließende Sicherheitsverwahrung angeordnet wird.

Nun nimm einmal den unangenehmen Fall an, dass du mit 30 Jahren heiratest und nach 15 Jahren wieder geschieden wirst. Dann wärst du 45 Jahre alt, geschieden, im besten Mannesalter, für einen Neustart bereit und leider pleite, weil du an deine Frau Unterhalt zahlen musst und für eventuelle, gemeinsame Kinder aufzukommen hast.

Der unpfändbare Teil deines Einkommens lag 2015 bei ca. 1.080,00 Euros im Monat. Die darfst du für dich alleine behalten und kannst als freier Mann nach einem neuen Glück suchen.

Du nimmst dir also flugs ein Apartment für ca. EUR 500,00 im Monat und zahlst für Strom, Telefon, Internet und sonstige Nebengeräusche noch mal ca. EUR 150,00. Wenn du obendrein Nichtraucher und kein Alkoholiker bist, trifft sich dass gut, denn ansonsten kannst du dich in deiner Wohnung verkriechen, denn auch so wird es finanziell nicht leicht für dich, überhaupt auszugehen um am gesellschaftlichen Leben teilzuhaben.

Wenn Du ein wenig mitgerechnet hast, wird Dir offenkundig, wovon ich hier rede. Was mit deiner Zukunft, mit deinem Leben geschehen kann, wenn du auf eine Tussi mit Versorgungswünschen hereinfällst die dir, wie oben beschrieben, schnell mal zwei Kids andreht und es sich ansonsten gut gehen lassen will. Dann mein Freund, hast du dich in die Falle geritten (oder sie dich, wenn du so willst).

Bitte, es muss nicht so enden aber die Scheidungsraten in Deutschland sprechen seit Jahren für sich.

Wenn du also unbedingt die nächstbeste Dorfpomeranze ehelichen willst, dann sei dir wenigstens ganz sicher mit ihr und behalte dir den Glauben für das Gute im Menschen.

Kapitel 11

Hilfe, sie kann ihren Mund nicht halten!

Einer Frau den Mund zu verbieten, gleicht einem Sakrileg. Was wir am Anfang einer Beziehung zu einer Frau noch als herzerfrischend und lebhaft empfinden, wird in späterer Zeit der Beziehung zu einer Nerven- und Nagelprobe.

Es ist schlicht unmöglich eine, einmal in Rage geratenen Frau, in ihrem vorwurfsvollen Redefluss zu stoppen. Ihre Schimpfkanonade geht weit über ihren augenblicklichen Ärger hinaus, bis weit in die Vergangenheit der Beziehung.

Urplötzlich bist du mit Geschehnissen und Vorkommnissen aus der Mottenkiste konfrontiert, die sich schon längst aus deinem Langzeitgedächtnis verabschiedet haben.

Nicht so bei einer Frau, denn die vergisst nie. Sie kann dulden und verzeihen aber niemals vergessen. Was wir Männer schnell einmal abhaken oder verdrängen, wird sie fein säuberlich im Hinterstübchen ihres Gedächtnisses ablegen und bei Bedarf wieder auf den Tisch bringen.

Aber du darfst es ihr nicht verübeln, es ist Teil ihrer Überlebensstrategie und Streitkultur, dieses Mittel der »Streit- und Beziehungsführung« im Ernstfall parat zu haben und gebrauchen zu können.

Pragmatismus ist Sache des Mannes, Frauen leben in und mit Emotionen, die wir Männer vielleicht am ehesten bei einem Fußballspiel, in dem es rauf und runter geht, empfinden können.

Ich will hier nicht behaupten, dass Männer gründlicher denken, aber Frauen denken eindeutig schneller und haben auf ihren Gedächtnisspeicher einen unerhört schnellen Zugriff. Während wir Männer noch nachdenken und grübeln, ist Frau uns gedanklich schon um einiges vorausgeeilt.

Doch es gibt nicht nur die berühmten Zickenmomente, die sowieso meist nur in stressbedingten Situationen ihren Ausbruch erleben, es sind die ganz alltäglichen Augenblicke beispielsweise beim Anschauen eines Krimis im Fernsehen, während dessen ihr Mitteilungsbedürfnis überborden will und uns an den Rand der Verzweiflung führt.

Was also ist in solchen Situationen zu tun?

Als Erstes sage ganz ruhig, dass du nicht gleichzeitig der Krimihandlung und ihrem Erzählfluss folgen kannst und du möchtest jetzt lieber den Krimi gucken.

Reagiert sie hierauf nicht, dann werde im Ton ruhig ein wenig bestimmter und verweise auf die Zeit nach dem Krimi.

Zeigt sie jetzt immer noch nicht die gewünschte Reaktion und hört mit dem Reden nicht auf, dann schalte kurz den Fernseher aus und erkläre ihr sachlich aber nicht laut, dass du gerne bereit bist, nach der Sendung mit ihr über das Thema (welches auch immer) zu reden. Nur jetzt möchtest du bitte den Film weiter schauen, weil er spannend ist und dich interessiert und du würdest sie bei ihrer Lieblingsserie auch nicht stören.

Du darfst dich auf gar keinen Fall in ein Streitgespräch einlassen oder gar laut werden, ansonsten kannst du den Krimi nämlich abhaken, da sie jetzt leicht in Rage geraten kann. Denke immer daran, Frauen werden schnell emotional und dann sind sie nicht mehr zu stoppen. Daher ist Sachlichkeit von deiner Seite oberstes Gebot.

Manchmal kommt es vor, dass Frau ein Beziehungsproblem, euch beide betreffend, mit sich herumschleppt und jetzt unbedingt ein klärendes Gespräch mit dir führen will.

Gespräche solcherart sind uns meist unangenehm, kommen niemals gelegen, überfordern uns und sind uns zutiefst verhasst. In aller Regel kommt uns ein solches Gesprächsgesuch gerade zur Unzeit und wir fühlen uns emotional überfallen und schnell überfordert.

Zu dumm ist es obendrein, weil wir ihr Problem gar nicht wahrgenommen haben und uns demzufolge auch nicht damit beschäftigt haben. Somit sind wir also schon mal im Nachteil, zumindest was den Zeitpunkt anbetrifft.

Wenn du mit solch einer Situation konfrontiert bist, gibt es nur eine Rettung. Bleibe wiederum ruhig und sachlich, hinterfrage den Kern ihres Problems und suche dein Heil in der Vertagung der Diskussion, indem du sie bittest, dir etwas Zeit zu geben, damit du dich mit dem Problem gedanklich beschäftigen und ihr später eventuell einen Lösungsvorschlag präsentieren kannst.

Lege gemeinsam einen Termin für dieses klärende Gespräch fest und halte dich daran. Wenn du nämlich feige auf Zeit spielst und darauf hoffst, dass sich das Thema von alleine erledigen wird, bist du schief gewickelt.

Merke, du kannst Frau in ihrem Redefluss nur mit Ruhe und Sachlichkeit stoppen. Stoße sie nicht vor den Kopf, indem du ihr sagst, ihr Problem oder Thema wäre lächerlich, albern oder unpassend.

Nehme sie in jedem Fall ernst, da sie es immer auch ernst meint. Gebe ihr zu verstehen, dass ihre Angelegenheiten, ihre Probleme welche auch immer, für dich ebenso wichtig sind. Gibst du ihr dieses Gefühl, kannst du mit ihrer Kompromissbereitschaft rechnen und sie lässt sich auf Gesprächsvertagungen ein.

Nun wollen wir abschließend noch ein paar Raffinessen behandeln, die Frau ganz bestimmt umhauen und ihren Redefluss in aller Regel sofort stoppt.

- Schaue ihr in die Augen und sage ihr, dass du sie liebst.

- Nimm sie spontan, ohne zu grapschen in die Arme und gib ihr einen Kuss.

- Sage ihr, wie sehr sie dein Leben bereichert.

- Mache ihr ein unerwartetes Kompliment (schöne Augen, tolle Beine, etc.).

- Lade sie spontan zu etwas ein (Essen, Kino, Theater, etc.).

- Nenne sie bei ihrem Kosenamen und lache herzlich.

- Gehe zum CD-Player, lege was romantisches ein und fordere sie zum Tanzen auf.

- Renne aus der Wohnung und klingele, macht sie verwundert auf, sage ihr, ihr Liebhaber möchte Einlass.

Mache dir ein paar eigene Gedanken, schließlich solltest du deine Frau gut kennen.

Kapitel 12
Das geht für dich als Mann gar nicht!

Es gibt grundsätzliche Verhaltensweisen, die du unter allen Umständen gegenüber Frauen vermeiden solltest. Die Rede ist hier nicht von Gewalt gegen Frauen, die ist sowieso verwerflich und mit nichts zu entschuldigen.

Nein es geht vielmehr darum, wie du einen respektvollen Umgang mit Frauen pflegst und dadurch deine Selbstachtung behältst. Sicher gibt es Frauen, wie weiter oben mehrfach beschrieben, die dich manipulieren, ausnutzen, benutzen oder reinlegen wollen.

Frauen sind keine Engelchen und sind dem Eigennutz genauso zugetan wie du selber. Ein tiefer Blick oder ein süßes Lächeln kann bei einer Frau vieles bedeuten und manchmal eben nicht immer Gutes.

Dennoch, bewahre deine Selbstachtung und bleibe Gentlemen!

- Mache keine falsche, dumme Komplimente.

- Belüge sie niemals ernsthaft oder boshaft.

- Begrapsche sie nicht plump an intimen Stellen schon am Anfang.

- Reiße keine dummen Sprüche, um ihr aufzufallen.

- Versuche nicht sie betrunken zu machen, um sie sexuell auszunutzen

- Kränke niemals ihre Selbstachtung.

- Rede niemals abfällig über die Verflossene.

- Spreche keinesfalls über ihre sexuellen Vorlieben in Gegenwart anderer.

- Gib nicht an und prahle nicht, dass du sie einmal irgendwo hattest.

- Verspreche nichts, was du nicht halten kannst.

- Behalte ihre kleinen und großen Geheimnisse für dich.

Warum zähle ich diese Punkte extra auf? Einmal, von der bereits erwähnten Selbstachtung abgesehen, haben Frauen Kommunikationskanäle von denen du wenig bis nichts ahnst.

Gespräche auf der Damentoilette, während des letzten Lidstrichs oder der Auffrischung der Lippen, würden manchen Mann erröten lassen. Du stehst vielleicht in einer Disco neben der Tanzfläche mit dem ersten Bier und schon bist du Gesprächsthema auf besagter Damentoilette. Da kann es dir schon den ganzen Abend vermiesen, wenn du dich einmal dumm und blöde gegenüber eines der Mädels benommen hast. Kapiert?

Oder du lernst eine wirklich Süße kennen und möchtest unbedingt mehr von ihr, aber ihr Ex-Freund, dein Vorgänger hat sich so was von schlecht und mies benommen und verhalten, dass sie jetzt eine regelrechte Antipathie gegenüber Männern entwickelt hat, die du jetzt ausbaden musst.

Bedenke, man trifft sich immer zweimal im Leben. Vielleicht triffst du nicht dieselbe Frau, aber eben eine Frau. Also bleibe immer Gentlemen!

Kapitel 13
Ewige Manipulation

Wie du aus den oben ausgeführten Kapiteln erfahren hast, ist es der Frau gänzlich unmöglich, nicht manipulieren zu wollen.

Das Wesen der Manipulation liegt ihr sozusagen im Blut und mehr noch, selbst ihre Physis, ihr Körper ist daraufhin ausgerichtet und von der Natur konzipiert, den Mann zu Verführen, ihn zu erobern und ihn zu ihren Zwecken und ihrem Wohlergehen zu manipulieren.

Man sollte aber nicht darauf verfallen, diese Eigenschaft der Frau als etwas Lästerliches, oder gar Verwerfliches zu sehen. Sondern vielmehr diese Eigenschaft als einen Wert betrachten, der mit Liebe, Anmut, Vertrauen, Wärme und Fürsorge, um nur einige zu nennen, einher geht.

Körperliche Gewalt als Beispiel, geht der Frau in aller Regel ab. Diese ist dem Wesen des Mannes vorbehalten und kann nur durch die Frau beherrscht werden. Und dieses Ziel, die Beherrschung körperlicher Gewalt und damit einhergehend Anarchie und das Recht des Stärkeren, lässt sich, natürlich neben Gesetzen und staatlicher Strafandrohung, nur durch das Wesen der Frau in ihrer Eigenschaft als Manipulatorin erreichen.

Manipulation als solche kann als Waffe, Strategie oder Taktik eingesetzt werden. Sie kann machtpolitisch und wirtschaftspolitisch missbraucht werden, sie kann aber auch der Zuneigung, dem Frieden und der Fürsorge dienen.

Wie, wo, warum und bei wem eine Frau ihre manipulativen Talente zum Einsatz bringt, um damit ihre Ziele zu erreichen, hängt von ihrem Charakter, ihrer Mentalität, ihrem Wesen und nicht zuletzt selbstverständlich von ihren Zielen und Motiven ab.

Diese Ziele haben sich nicht nur, aber nichtsdestotrotz, in den vergangenen Jahrzehnten des letzten Jahrtausends rasant verändert und vermehrt und die Frauenbewegungen haben ihre Ziele in vielen Bereichen unserer modernen Gesellschaft modifiziert und durchgesetzt.

Heute finden wir Frauen, wenn auch immer noch nicht so zahlreich wie es sein sollte, in der Politik und der Wirtschaft und vielen anderen Bereichen, in entscheidenden Funktionen und sie helfen dabei, das

Leben in unserer westlichen Wertegesellschaft, ein stückweit, gerechter und sozialer zu gestalten.

Wenn du also ein junger, aufbrausender und zur Gewalt neigender Mann bist, dann kann ich dir nur Wünschen, dass du eine ruhige, intelligente und ausgleichende Partnerin findest, die dich deinem inneren Gleichgewicht nahebringt.

Bist du andererseits ein etwas schüchterner und unsicherer Typ, kann dich eine aufgeweckte, leidenschaftliche Draufgängerin aufpeppen und dich selbstsicherer machen.

Diese beiden, zugegeben sehr einfachen, Beispiele sind nur ein Aufriss dessen, wozu eine Frau mit guten und positiven manipulativen Absichten in der Lage ist mit- und bei dir zu bewirken.

Aber wie im Himmel, so auch auf Erden, gibt es neben den Engelchen auch die Teufelchen und vor denen gilt es sich in Acht zu nehmen und auf der Hut zu sein.

Die Teufelchen nutzen die Manipulation nur als Waffe und zum Selbstzweck. Ihnen ist kein mieser manipulativer Trick zu schade, um ihre Ziele zu erreichen. Und vor diesen habe ich dich weiter oben ausdrücklich und eindringlich gewarnt.

Bist du selber ein Teufel, nun dann hast du sie (die Teufelin) auch verdient und ich kann nur für die Engelchen hoffen, dass sie nicht auf dich hereinfallen.

Nachwort
Eine kurze Nachbetrachtung.

Nun haben wir eine lange und unterhaltsame Reise in das Wesen der Frauen gemacht und selbstverständlich kann diese Reise niemals enden, da Menschen, hier die Frauen, in ihrer Gesamtheit eine nicht begrenzbare Zahl an Unterschieden, nach Region und Herkunft, Alter und Erfahrung, sozialem Status u. v. m. ausmacht.

Hier in diesem Buch war ausschließlich die Rede von Frauen aus dem europäischen Raum, bzw. Deutschland. Unsere Breitengrade sind geprägt von Aufklärung, Emanzipation und Gleichberechtigung zwischen Mann und Frau, um nur einiges zu nennen. Und selbst hier, in Europa, gibt es beträchtliche Unterschiede.

Denke nur an eine feurige Südländerin, die sich bei einer Meinungsverschiedenheit schon mal gerne auf einen Ringkampf einlässt oder dir für eine kleine, in ihren Augen respektlose, Unachtsamkeit oder Bemerkung eine schallende Ohrfeige verpasst.

Afrikanische Frauen werden sich von asiatischen Frauen und die wiederum von orientalischen Frauen u. s. w. grundlegend unterscheiden, hinsichtlich ihrer gesellschaftlichen Stellung und Rolle, ihres Temperamentes, ihrer Mentalität und ihrem Eigenverständnis.

So kann man quer über den Globus reisen und man(n) wird Frauen so unterschiedlicher Natur erleben, das es einem schier unmöglich erscheint, ein einheitliches Bild der Frau zu erhalten.

Dennoch ist das Urwesen, was allen Frauen dieser Welt innewohnt immer das Gleiche. Frauen wollen ihren Prinzen- und Mütter kämpfen für ihre Kinder und Familien, gleichgültig welcher ethnischen Rasse sie angehören mögen.

Wir haben uns mit den verschiedensten Motiven und Techniken der Frauen beschäftigt, einen Mann an sich zu binden, obwohl wir gerade bei den Motiven und den speziellen Eigenarten der Frauen, nur an der Oberfläche gekratzt haben.

Ich habe versucht, dich im Umgang mit Frauen zu warnen und zu ermuntern und es mag manchmal der Eindruck entstanden sein, dass ich von Frauen an sich, wenig halte und/oder sie gar als Schmarotzer oder Parasiten empfinde.

Dieser Eindruck ist ganz und gar falsch. Ich liebe diese Wesen und möchte mir ein Leben ohne sie nicht vorzustellen versuchen. Dennoch gibt es eben auch die guten und die bösen Mädels, wie bei uns Männern auch.

Schlechte oder gar bösartige Absichten sind geschlechterneutral, aber dieses Buch handelt eben von Frauen und nicht von guten und bösen Jungs.

Es ist eben eine verbreitete Tatsache das Männer, Frauen in den meisten Fällen emotional beschädigen, während Frauen Männer wirtschaftlich und finanziell ruinieren können. Dieser Satz ist nicht allgemeingültig, beschreibt aber generell den Kampf der Geschlechter, wenn es denn zum Kampf kommt.

Aber nun haben Frauen eben auch die Fähigkeit, ihre Männer zu ergänzen und im besten Fall zu komplettieren.

Wenn beispielsweise eine Ehe oder eine Beziehung nach vielen Jahren in die Brüche geht, erlebt man häufig zwei Phänomene. Das eine Phänomen ist, dass der Mann ohne seine langjährige Partnerin plötzlich nicht mehr lebensfähig ist und verlottert, anfängt zu trinken, seinen

Job vernachlässigt und verliert und zu guter Letzt in einem Obdachlosenheim endet.

Das andere Phänomen ist, dass gerade Frauen in der gleichen Situation in der Lage sind, ihr Leben vollkommen umzukrempeln und neu durchzustarten.

Kurz gesagt, Männer gehen nach einer Trennung in die Kneipe und baden im Selbstmitleid und Frauen gehen zum Yoga und erneuern sich.

Vielleicht liegt auch dieses Verhalten im Wesen der Urfrau verankert, da die frühe Frau ja immer damit rechnen musste, dass ihr Mann von der jagt, nicht mehr zu ihr zurückkehrt. Heute wird man entlassen und arbeitslos, damals konnte ein Fehler den Tod bedeuten.

Frauen waren damals, zu Urzeiten und vor Ackerbau und Viehzucht nicht in der Lage, ohne Mann und Sippe zu überleben und innerhalb der Sippe oder Gruppe, war ihr Ansehen vom Rang ihres Mannes abhängig.

Demzufolge ist es nachvollziehbar, dass auch schon die Urfrau daran interessiert war, dass ihr Mann innerhalb der Gruppe seinen Rang verbesserte, um somit auch ihr Ansehen und ihre Stellung zu optimieren.

Bei genauerer Betrachtung, hat sich das bis in die heutige Zeit kaum geändert.

Wir alle kennen diese Aussagen:

➜ Die Frau hinter dem Mann.

➜ Die Frau stärkt ihm den Rücken.

➜ Ohne seine Frau wäre er verloren.

➜ Sie hat was aus ihm gemacht.

➜ Sie steht hinter ihm.

➜ Sie hält ihm den Rücken frei.

Sicher sind wir hier wieder bei dem manipulativen Charakter der Frau angelangt, ohne ihr hier Selbstsucht vorwerfen zu wollen.

Wenn wir hier einmal an Krieg, Macht, Machtmissbrauch, Schlägereien, Hooligans, Menschenschlächter, Kriegsverbrecher uvm., in dieser Richtung denken wollen, so bringen wir diese Dinge beinahe ausnahmslos mit Männern in Verbindung, obschon es in der Geschichte durchaus Ausnahmen gab.

Wenn wir an Frieden, Liebe, Harmonie, Schlichtung, Gefühl, Familie, Soziales, Wärme denken, werden wir das eher mit Frauen assoziieren.

Auch in der Politik polarisieren Mann und Frau, mit ihren zugeschriebenen Werten erheblich. Wer eine starke und ausgeprägte Mutterbeziehung hatte, wird eher zu einer sozialen Linkspartei tendieren. Wer hingegen ein starkes Vatergefühl entwickelte, dürfte mit seinen Werten eher zu konservativen, rechten Parteien tendieren.

Aber wir sollten Frauen in dieser Hinsicht keineswegs unterschätzen. Auch sie drängt es zur Macht, nur eben subtiler. Eine Frau benötigt keine Werbe- und PR-Agenturen. Sie haben ihr eigenes, eingebautes Stimmungsbarometer und ein Seismometer, der Beben schon im Vorfeld, wenn es erst noch leicht ruckelt und brummelt, erspürt.

Meines Erachtens bedürfte es noch viel mehr Frauen in politischen, wirtschaftlichen und selbstverständlich anderen, gesellschaftlich relevanten, Führungspositionen.

Die jungen, modernen Frauen überflügeln aktuell die jungen Männer beim Abitur und auch bei den Immatrikulationen an deutschen Hochschulen. Das lässt für die Zukunft hoffen!

Impressum

Angaben gemäß § 5 TMG

Michael Uhlworm
Wilseder Weg 48
40468 Düsseldorf
Vertreten durch:
Michael Uhlworm
Kontakt:
Telefon: 0177-5641657
E-Mail: michael.uhlworm@web.de
Verantwortlich für den Inhalt nach § 55 Abs. 2 RStV:
Michael Uhlworm
Wilseder Weg 48
40468 Düsseldorf

Die Leserinnen und Leser dieses Buches möchte ich ausdrücklich darauf hinweisen, dass keine Erfolgsgarantie oder Ähnliches gewährleistet werden kann. Auch kann keinerlei Verantwortung für jegliche Art von Folgen, die der Leserin und dem Leser im Zusammenhang mit dem Inhalt dieses Buches entstehen, übernommen werden. Die Leserin und der Leser sind für aus diesem Buch resultierenden Ideen und Aktionen selbst verantwortlich.

Wichtiger Hinweis

Reproduktionen, Übersetzungen, Weiterverarbeitung oder ähnliche Handlungen zu kommerziellen Zwecken sowie Wiederverkauf oder sonstige Veröffentlichungen sind ohne schriftliche Zustimmung des Autors nicht gestattet.

Immer diese falschen Männer!

28 Männertypen die Frau nicht gut tun.

Inhalt

Der Nörgler

Motto:

Nichts ist gut genug für mich. 168

Der Verlierer

Motto:

Was kann ich dafür, wenn ich immer Pech habe? 171

Der Abenteurer

Motto:

Ich bin dann mal weg. 174

Der Geizhals

Motto:

Mein Geld ist mein Geld und genug ist nicht genug. 177

Der Unzufriedene

Motto:

Mir macht es niemand recht und du erst recht nicht. 181

Der Tyrann

Motto:

Es wird gemacht was ich will. 183

Vorwort

Liebe Leserin und vielleicht auch lieber Leser,

in diesem Buch geht es ausschließlich um die »falschen Männer«. Um Männer also, die keiner Frau wirklich gut tun und mit denen Sie nicht nur ihre Zeit und/oder ihre Jugend, sondern eventuell auch ihr Geld vergeuden.

Hier werden keine wirklich kriminellen Männer beschrieben, sondern Männer denen Sie überall, in der Kneipe, im Restaurant, am Arbeitsplatz, in der Bahn, auf der Straße, im Internet oder wo auch immer begegnen können.

Meistens sehen Sie diesen Männern nicht sofort an, um welchen Typ von Mann es sich hier handeln könnte. Oder aber, Sie sind so hin und weggerissen von dieser vermeintlichen Sahneschnitte, dass ihre sonst so zuverlässigen Alarmglöckchen einfach nicht klingeln wollen.

Dieser Ratgeber soll Ihnen dabei helfen, bei der Partnerwahl die möglichen schlechten Kerlchen im Vorfeld auszusortieren und ihre Sinne dahingehend zu schärfen, was Ihnen mit dem »falschen Mann« so alles widerfahren kann.

Etwas und wenn auch nur ein kleines Bisschen, der oben genannten Typen steckt mit Sicherheit in jedem Mann. Es verhält sich hier so wie mit der Charakterlehre, niemand ist zu 100 % ein Choleriker, Phlegmatiker, Melancholiker oder Sanguiniker.

Auch wenn diese Temperamentenlehre in der Psychologie heute überholt ist, ist sie doch immer noch für uns normale Menschen, ein verständlicher Wegweiser bei der Bestimmung von Temperamenten, Typen und auch Charaktereigenschaften.

Jeder Mensch ist immer eine Mischung aus allem, auch wenn manche Charaktereigenschaften und Temperamente überwiegen, so kommen diese doch in den jeweiligen Situationen, je nach Bedarf und Befindlichkeit unterschiedlich stark zum Vorschein.

Sicherlich ist in einem Hochstapler sehr viel von einem Lügner vorhanden, denn die Eigenschaften des Lügners benötigt der Hochstapler natürlich. Auf der anderen Seite muss ein notorischer Lügner nicht zwangsläufig ein

Hochstapler sein, wenn er nicht eben zur Hochstapelei neigt.

Vielleicht steckt im Lügner auch der ewige Student, gemischt mit einem Phlegmatiker, der ihnen Vorlesungen vorlügt, die er nie besucht hat, weil er einfach faul ist und sich lieber bei ihnen nur eine Weile ausruhen möchte, bevor er das Weite bei einer anderen Frau sucht, die ihm ein bequemeres Ausruhen ermöglicht, wenn Sie zu kritische Fragen stellen.

Nur an diesen kleinen Beispielen erkennen Sie, wie komplex das Thema dieses Buches ist. Sie werden, genauso wie ich, als ich dieses Buch recherchierte und schrieb, überrascht sein, wie schwach doch eigentlich das sogenannte starke Geschlecht, für sich genommen, ist.

Ich richte mich in diesem Buch auch ausdrücklich an homosexuelle Männer, die ja auch ihren Traummann finden und eventuell heiraten wollen. Auch ihnen sei gesagt, Augen auf bei der Partnerwahl.

Liebe schafft Motive und ein Mensch, der wahrhaftig liebt, wird die Gegenliebe verzweifelt suchen und wollen und übersieht, vor lauter Verlangen und Hingabe gelegentlich, mögliche, unlautere Motive des Objektes seiner Begierde.

Wer liebt, ist immer auch auf das Höchste gefährdet, manipuliert und/oder benutzt zu werden. Diese Erkenntnis ist keine neue und dennoch machen tausende Menschen diese Erfahrung jeden Tag, aufs Schmerzlichste durch.

Wenn diese Erfahrung mit einem heftigen Liebeskummer einhergeht und schließlich auch vergeht, mag man das noch unter dem Aspekt neugewonnener Lebenserfahrung abtun. Wenn allerdings seelische Dauererkrankungen, finanzielle Verluste oder gar existenzielle Nöte entstehen, dann hört der Spaß auf und aus Liebeskummer wird schnell bitterer Ernst.

Mal Hand aufs Herz. Haben Sie nicht auch schon darüber gelacht, wenn Sie in der Zeitung lasen, dass ein professioneller Heiratsschwindler gleich drei Frauen gleichzeitig um ihr Erspartes gebracht hat? Was haben Sie sich beim Lesen gedacht? Mir hätte das nicht passieren können. Ich hätte dessen Absichten sofort durchschaut. Nie und nimmer hätte ich diesem windigen Kerl mein Geld gegeben.

Ich behaupte, zur richtigen Zeit und in der richtigen Situation, hätten Sie sich genauso verhalten wie die oben erwähnten drei Frauen. Wenn nicht, dann hätten Sie auch nicht wirklich und wahrhaft geliebt. Und genau das haben diese unglückseligen Frauen eben getan, sie haben mit ihrem ganzen Herzen geliebt.

Männern geht es hier im Übrigen gar nicht anders, aber ich schreibe hier über falsche Männer und nicht über falsche Frauen (hier verweise ich auf mein Buch: Der manipulierte Mann und das Wesen der Urfrau/ bei Amazon).

Wie Sie sehen, gibt es bei solchen Geschichten überhaupt nichts zu Lachen, denn genau dies kann jedem immer und überall auch geschehen. Oder wollen Sie sich nicht auch unsterblich in den Mann, ihren Prinzen ihrer Träume verlieben?

Nun muss es ja nicht unbedingt der Heiratsschwindler sein, der ihnen da über den Weg läuft und Sie dermaßen manipuliert und verliebt macht, dass Sie nicht mehr wissen, wo ihnen der Kopf steht. Es gibt auch harmlosere Formen, die Sie eine gute Stange Geld oder das Herz kosten können.

Über solche Negativtypen oder besser Unterarten von »normalen« Männern handelt dieses Buch. Wie oben bereits gesagt, kein Mann ist jederzeit der edle Ritter oder gar der Held fürs Leben. In jedem Mann steckt etwas von diesen Negativtypen, was aber nicht heißen soll, dass ein solcher Mann gleich schlecht für ihr Leben, also der falsche Mann, ist.

Aber wenn Sie einem Choleriker begegnen, der 85 % dieser Eigenschaft in sich vereint und nur jeweils 5 % der restlichen 3 Charaktereigenschaften, haben Sie es eben mit einem überwiegend cholerischen Menschen zu tun und es stellt sich Ihnen dann die Frage, wollen Sie diesen Menschen und seine Anfälle für ihr Leben lang, immer wieder ertragen müssen?

Darum geht es in diesem Buch, wenn ein Mann gelegentlich zu einer harmlosen Notlüge greift, stempelt ihn das sicher nicht gleich als einen notorischen Lügner ab. Wenn aber seine Lügen immer häufiger werden und an Harmlosigkeit verlieren, dann, ja dann sollten Sie sich ernsthafte Gedanken machen.

Kennen Sie diesen Spruch »Ach die, die fällt doch immer auf die falschen Männer rein. Die lernt niemals dazu«?

Wenn ja, dann sollten Sie alles daran setzten, dass nicht eines Tages Sie diejenige sind, über die man so urteilt. Denn es sagt in der Quintessenz aus, dass Sie kein gesundes Urteilsvermögen haben und sich dem Nächstbesten an den Hals werfen (und das wiederholt!).

Doch Sie als Frau haben die Wahl, es nicht soweit kommen zu lassen. Denn es ist ein ungeschriebenes Gesetz, das die Frau den Mann wählt und nicht umgekehrt. Und so viel sollten Sie sich immer Wert sein.

Nun wünsche ich Ihnen viel Vergnügen bei unserer Reise durch die Welt der »falschen Männer«.

Der Ausruher

Motto:
Arbeiten lassen und sein Auskommen haben.

Der Ausruher kommt meistens als netter Kerl daher. Er ist sehr aufmerksam und verständnisvoll und ein guter Zuhörer, man meint bisweilen sogar, in ihm einen Frauenversteher zu erahnen.

Seine ihm gegebene Eloquenz weiß er vortrefflich zu seinem Vorteil zu gebrauchen und sein Charme zieht so ziemlich jede Frau in seinen Bann.

Mit der Zeit werden Sie feststellen, dass er sich nur ungern bewegt, sofern die Bewegung irgendetwas mit Arbeit zu tun hat. Infolgedessen verfügt der Ausruher oft nur über bescheidene finanzielle Ressourcen, was sein ansonsten sonniges Gemüt aber nicht weiter betrübt. Denn er ist sich ihrer Liebe und ihren materiellen Zuwendungen sicher.

Der Ausruher wird schnell aber unauffällig von ihren Besitztümern Besitz ergreifen. Sie werden ihm ihr Auto leihen, anfangs nur gelegentlich dann immer öfter, bis es zur Selbstverständlichkeit wird.

Er wird Sie dann morgens mit ihrem Auto zur Arbeit fahren und irgendwann um ein bisschen Kleingeld bitten. Damit (mit ihrem Kleingeld) wird er dann einen beschaulichen und geruhsamen Tag verleben und Sie dann wieder von der Arbeit abholen.

Unser Ausruher ist in der Regel ein zuverlässiger Mann, was Pünktlichkeit anbetrifft, da er sein Ruhekissen (Sie) gut zu behandeln weiß.

Er wird Sie gerne mit auf seine gedanklichen Reisen nehmen, denn er hat oft große Pläne, die ein schönes Leben erwarten lassen. Bleiben Sie besser nicht zu lange geduldig mit ihm, ansonsten wird er Sie eine Menge Geld kosten, wenn Sie zu langmütig sind. Die großen und verheißungsvollen Zukunftspläne ihres Ausruhers sind meist nur heiße Luft und werden sich nie verwirklichen. Er ist ein Blender und das wird er auch bleiben.

Wenn Sie ihren Ausruher dann irgendwann, schlussendlich als eben solchen entlarvt haben, ihr Konto im Keller ist und ihm die Trennung nahelegen, wird er erstaunlich gelassen reagieren. Der Ausruher hat schon

längst ihr lahmendes Interesse an ihn registriert und
geeignete Vorsorge, in Form von weiblichem Ersatz
gesorgt. Er wird sich flugs seinem neuen Weibchen
zuwenden und dieses umgarnen. Sie allerdings bleiben
mit einer traurigen und eventuell teuren Erfahrung
alleine zurück.

Der ewige Student

Motto:
Ich bin zu intelligent für diese Welt.

Ein Klischee? Mitnichten, denn es gibt sie sehr wohl und wenn sie nicht Mama und Papa auf der Tasche liegen, dann suchen Sie sich schon einmal ein williges Weibchen mit festem Job und geregeltem Einkommen.

Den ewigen Studenten wird man weniger in den harten, lernintensiven naturwissenschaftlichen Studienfächern wie Physik oder Mathematik antreffen, sondern eher in den weichen, wie etwa Germanistik oder Philosophie. Denn der ewige Student ist eher ein Schöndenker der gerne, auch mal launig, über die Welt an sich fabuliert.

Der ewige Student fühlt sich den Intellektuellen nahe und zeigt das auch gerne denen gegenüber, die mit ihrer Hände Arbeit ihr Geld verdienen müssen. Tendenziell ist er also eher als arrogant und hochnäsig zu sehen. Diese Geisteshaltung ist ihm ein persönlicher Genuss, kann er sich doch so vom übrigen, gemeinem Volk abheben.

Auch Frauen behandelt er in der Regel ein wenig von oben herab, ist er doch von seiner geistigen Überlegenheit derart überzeugt, dass es sein Anspruch ist, bewundert zu werden.

In Wirklichkeit ist er aber ein armer Geselle, der seinen Platz im Leben noch nicht gefunden hat und sein Gehabe um seine Person ist nichts weiter als seine Rüstung die er, wie dazumal Don Quichotte, stolz vor sich her trägt.

Hat er einmal eine Frau aufgetan, die ihm und seinen Ansprüchen, einigermaßen gerecht wird, wird er auch gnädig finanzielle und andere Zuwendungen entgegennehmen.

Unser ewiger Student wird bei allen weiblichen Zuwendungen, wie Geld, Kost und Logis oder den geliehenen Pkw immer eifersüchtig auf seine Unabhängigkeit achten. Wenn Sie ihn darauf ansprechen, doch sein Studium etwas ernsthafter voranzutreiben, werden Sie ein bockiges Kind erleben, dem Sie gerade die Schokolade weggenommen haben.

Grundsätzlich ist unser ewiger Student ein Anarchist, oder er hält sich zumindest für einen. Gesellschaftliche

Normen sind ihm ein Gräuel und Bevormundung, jeglicher Art, treibt ihn auf die hohe Palme.

Wenn Sie einem ewigen Studenten begegnen und ihn als solchen identifizieren, dann genießen Sie ihn ruhig für eine gewisse Zeit. Aber achten Sie auf ihr Herz und ihre Geldbörse. Kostenlos bekommen Sie ihn nicht, aber Sie können zumindest ihre Ausgaben in Grenzen halten und ein kleines Abenteuer genießen. Mehr können Sie von ihm nicht erwarten.

Der Geldgrapscher oder die Heuschrecke

Motto:
Nimm Sie aus, und verabschiede dich rechtzeitig.

Der Geldgrapscher hat mit den oben aufgeführten Männertypen gefühlstechnisch wenig gemein. Der Geldgrapscher hat nur eines im Sinn, ihr Geld und ihren Kontostand. Da wo der »Ausruher« und der »ewige Student«, vergleichsweise harmlose Motive haben, verfolgt der Geldgrapscher handfestere Interessen.

Es ist sein schlichtes Geschäftsmodell, Frauen um ihr Geld, um ihre Ersparnisse zu bringen. In der realen Geschäftswelt werden solche Typen als Heuschrecken bezeichnet und dieser Ausdruck trifft hier auch voll und ganz zu.

Die intelligente Heuschrecke zu erkennen, ist anfangs nicht ganz einfach. Dieser Männertyp kommt ganz und gar als ein Mann von Welt daher. Er trägt Markenklamotten und ist modisch auf dem neuesten Stand. Seine Manieren sind so tadellos wie sein persönliches Auftreten.

Es gehört zu seiner Eroberungsstrategie durch sein Auftreten zu beeindrucken. Ein schickes, meist sportliches Auto gehört hier ebenso dazu, wie gepflegte Essen in ausgesuchten Restaurants der gehobenen Klasse. Vergessen Sie nicht, unsere Heuschrecke ist ein ausgebuffter Stratege und mit allen Wassern, auch in der Verführungskunst, gewaschen.

Als Geschäftsmann weiß er natürlich, dass zu einem guten Geschäft erst einmal eine gewisse Investition gehört, die allerdings wohlkalkuliert ist.

Um sich über ihr tatsächliches Vermögen ein Bild machen zu können, benötigt er selbstverständlich Informationen von Ihnen. Um diese zu bekommen, wird er sich einer Legende bedienen.

Diese Legende wird beispielsweise darauf fußen, dass er ein erfolgreicher Geschäftsmann ist. Selbstverständlich wird er hier sicherlich nicht eine Firma anführen, über die Sie sich ja informieren könnten, sondern er wird vielleicht als Privatfinanzier, Börsenspezialist, Immobilienspekulant oder ähnliches auftreten.

Er wird sich ihre natürliche, weibliche Neugier zunutze machen und ein wenig wage, vielleicht auch geheimnisvoll auf ihre Fragen antworten. Ja, er wird sich anfangs ein wenig zieren, nur um Sie noch mehr zu locken.

Im Gegensatz zu einem profanen Heiratsschwindler wird er Sie nicht um Geld bitten, um eine vorübergehende finanzielle Schieflage abzufedern. Nein er wird warten, bis Sie ihm Geld anbieten. Das würden Sie niemals tun? Dann warten Sie einmal ab.

Ihre Heuschrecke wird ihnen, bei einem gepflegten Essen eröffnen, dass er eine Woche nach London fliegen muss um beispielsweise ein mögliches Investment zu begutachten und / oder eventuell zu tätigen.

Nach der Rückkehr seiner angeblichen Geschäftsreise wird er Sie gut gelaunt kontaktieren und Sie zu einem wirklich tollen Essen einladen. Jetzt ist für ihn der Zeitpunkt gekommen, ihre Neugier in Geldgier zu verwandeln.

Bestens gelaunt, wird er ihre Fragen beantworten und auf jede ihrer Fragen auch eine, vorgefertigte, Antwort haben. Aber ein bisschen was an Information hält er so geschickt zurück, dass Sie nicht umhinkönnen, vor Neugier zu platzen und alles erfahren wollen.

Es würde seinen Manipulationen nicht guttun, jetzt irgendeine Summe Geldes zu nennen, welche er mit seinem Investment generiert hätte. Das wäre für sein Vorhaben zu plump und zu profan.

Nein, dieses Geschäft verhilft ihm, eine Jacht zu kaufen, von der er immer träumte oder eine bestimmte Villa in Südfrankreich, in die er, schon seit Jahren verliebt ist.

Welche Frau träumt nicht von einem wohlhabenden Mann von Welt, der ebenso träumen kann und Sehnsüchte hat wie sie selbst? Kann, ja muss man einem solchen Mann nicht sein Herz und sein Vertrauen schenken?

Nun kommen Sie in die Phase, dass Sie beginnen ihm mehr zu glauben. Ja Sie werden ihm glauben wollen, wenn er ihnen nun erzählen wird, das Geld alleine nicht sein Antrieb ist. Er benötigt es eben nur, um sich seine Wünsche, seine Träume und seinen Lebensstil erfüllen zu können.

Wenn Sie jetzt ganz aus dem Häuschen sind und mit diesem Mann auf weißen Pferden davonreiten möchten, wird er ganz nebenbei bemerken, dass er immer noch an das Londongeschäft denkt, und überlegt, ob er nicht doch noch so um die halbe Million Euros oder Dollars nachschießen sollte, denn das Geschäft bringt ihm eine sagenhafte und todsichere Rendite von 30 % im Jahr.

Ihr Gehirn wird spätestens jetzt zum Taschenrechner und wenn ihr Bauch jetzt über den Verstand geht, haben Sie verloren.

So oder so ähnlich wird die Heuschrecke bei Ihnen vorgehen. Sie können seine Absichten ganz leicht testen, indem Sie einfach nicht so reagieren, wie er es von Ihnen erwartet. Wenn er sich dann nicht mehr bei Ihnen meldet, wissen Sie zumindest, dass ihr Kissen zwar ein wenig feucht von Tränen aber ihr Bankkonto eben nicht geleert ist.

Der Macho

Motto:
Erst komme ich, dann wieder ich und dann erst mal lange nichts mehr.

Den Macho betrachten Frauen eher ambivalent, die einen lehnen ihn ab, die anderen sehnen sich geradezu nach ihm, den starken, unabhängigen Mann.

Aber was bedeutet es eigentlich, mit einem wahren und richtigen Macho eine Liebesbeziehung einzugehen?

Der wahre Macho wird Sie zuallererst als schmuckes Beiwerk und Unterstreichung seiner ichbezogenen Persönlichkeit sehen. Sein Auto braucht schon ein paar PS mehr als andere und sollte immer sauber und gepflegt sein. Beziehen Sie das also auch auf sich, als sein Weibchen.

Sie dürfen bei einem Macho als Frau alles verkörpern, solange Sie sich hinter ihm anstellen. Widerworte ihm gegenüber sollten Sie tunlichst unterlassen denn ein Macho, vor allem wenn er zur Cholerik neigt, verteilt auch schon mal eine Ohrfeige.

Zuhause, wenn Sie mit ihm alleine sind, dürfen Sie auch mal sanfte Kritik an ihn üben, nur übertreiben Sie es aber nicht, der Chef ist er.

Ein guter Macho wird Sie so gut behandeln, wie er es beispielsweise mit einem edlen Pferd oder seinem Sportwagen hält.

Ein schlechter Macho, mit stark ausgeprägten egomanen Zügen wird in einer finanziellen Schieflage darüber nachdenken, wie er Sie vermarkten könnte.

Böse für Sie enden könnte es auch, wenn Sie an einen fanatisch, religiös motivierten Macho östlicher Prägung geraten. Wenn er um Sie wirbt, wird er der charmanteste Mann auf der Welt sein. Sollten Sie ihn aber heiraten und sogar Kinder von ihm bekommen, dürfen Sie in den meisten Fällen ihre Menschen- und Frauenrechte abtreten. In seiner Familie würden Sie nur, wenn überhaupt. marginale Akzeptanz erlangen, wenn Sie zu seiner Religion konvertieren. Dennoch würden Sie bestenfalls zu einem Menschen zweiter Klasse mutieren.

Verstehen Sie das bitte nicht als Rassismus oder religionsfeindlich. Aber, die westliche und die östliche Kultur unterscheidet sich sehr stark und eminent, gerade

wenn es um die gesellschaftliche Rolle der Frau und
deren Stellung geht.

Der schöne und Selbstverliebte

Motto:
Sie darf sich glücklich schätzen.

Sie dachten bisher, dass Sie als Frau zum schönen Geschlecht gehören? Fehlanzeige! Der »schöne Mann« wird sich selbst als Krone der Schöpfung stilisieren und ihnen nur den zweiten Platz, weit hinter ihm, zugestehen.

Zugegeben, ihre Freundinnen werden Sie um ihn beneiden. Das weiß der Schöne natürlich und er wird sich bei Bedarf auch bei ihnen bedienen.

Nein, bei dem Schönen werden Sie niemals die Nummer eins sein, denn dieser Platz ist alleine für ihn reserviert, mit allen Rechten die einem König wie ihm gebühren.

Der Schöne wird Sie niemals auf Händen tragen, es sei den, er gehört zur seltenen, intelligenten Sorte seiner Spezies.

Dem Schönen sind häufig die guten Gaben des Lebens quasi mit in die Wiege gelegt worden. Besondere Anstrengungen hatte er kaum nötig und somit grenzt sein Verhalten nicht selten an Arroganz und Blasiertheit. Sein Ego geht ihm über alles und wenn er selber nicht über ausreichend finanzielle Mittel verfügt, die ihm einen angemessenen Lebensstil sichern, so wird er alsbald nach einem Weibchen Ausschau halten, welche ihm diesen Lebensstil, mittels ihrer finanziellen Ressourcen, versprechen kann.

Gehören Sie aber zur selbstsicheren Sorte Frau und Sie haben sich einen intelligenten Schönling geangelt, so können Sie ihn füttern und führen und er wird sich, Kraft seiner Intelligenz und Bequemlichkeit, gerne auf ihren Führungsanspruch einlassen.

Denn Führung und Übernahme von Verantwortung, ist unserem Schönen nun doch zu anstrengend und ablenkend von seinen originären Aufgaben, dem galanten Repräsentieren beispielsweise.

Die lange Leine dürfen Sie ihm ruhig lassen und er wird sie ihnen danken, indem er immer wieder in sein Körbchen zurückkehrt um sich auszuruhen und ihre Aufmerksamkeiten genießen zu können.

Verfügt ihr Schöner aber nicht über eine fortgeschrittene Intelligenz, werden Sie alsbald Undank ernten. Wenn Sie seine übersteigerten, meist materiellen Bedürfnisse nicht erfüllen, wird er Sie alsbald mit Schimpftiraden und Vorwürfen überziehen, da er ihren wahren Wert für ihn nicht erkennen kann oder will.

Der dumme Schöne wird nicht lange schön bleiben. Wenn er es bequem hat, wird er die Pflege seines einzigen Kapitals vernachlässigen. Wenn er es denn also unbedingt sein muss, machen Sie es kurz bis halblang und vergeuden Sie nicht zu viel Zeit mit ihm.

Der Phlegmatiker

Motto:
Überfordere mich nicht, das Leben ist anstrengend genug.

Der Phlegmatiker ist von seinem Wesen her eigentlich ein liebenswürdiger Vertreter des starken Geschlechtes, kommt er doch meist ein wenig schusselig und unaufgeräumt daher.

Es ist ihm nicht so wichtig, ob der Krawattenknoten richtig sitzt. Viel wichtiger ist ihm, dass ein gesellschaftlicher Anlass nicht zu anstrengend für ihn wird.

Der Phlegmatiker braucht eine Frau, die ihm auch eine verlässliche Hinterherräumerin und gleichzeitig Antreiberin ist. Denn eigener Antrieb ist ihm lästig und zu anstrengend.

Sollten Sie an einen Phlegmatiker geraten, stellen Sie sich ihr weiteres Leben an seiner Seite, quasi als Allroundkraft vor.

Der Phlegmatiker hat es Zuhause gerne gemütlich und unaufgeregt. Gesellschaften oder Partys sind nicht unbedingt sein Ding. Beruflich ist sein Ehrgeiz begrenzt. Ein aufregendes Leben werden Sie mit solch einem Mann weniger zu erwarten haben.

Sicherlich kann ein Phlegmatiker sehr liebenswürdig sein, aber stellen Sie sich darauf ein: In einer Beziehung mit ihm benötigen Sie viel Kraft und Energie um ihn immer und immer wieder aus seiner Lethargie herauszuziehen, ihn anzuspornen und seine Liegenschaften hinter ihm herzuräumen.

Fremdgehen wird er ihnen kaum, denn der organisatorische Aufwand der sich daraus ergeben würde, ist seine Sache nicht. Und Abenteuer mag er sowieso nicht.

Überfordern Sie den Phlegmatiker nicht mit Spontanität. Sie würden ihn nur nervös machen und in einen reizbaren Zustand befördern.

Wenn Sie ihm die Bürden des Lebens von seinen überforderten Schultern nehmen möchten, tun Sie gut daran, die Führung in bald allen Lebenslagen der Beziehung zu übernehmen.

Er wird ihnen dafür dankbar und treu sein. Aber erwarten Sie kein abwechslungsreiches Leben neben dem Phlegmatiker. Es wird eher so dahinplätschern und ob Sie vielleicht ein eigenes Haus bauen, liegt ganz alleine bei ihnen.

Der notorische Fremdgeher

Motto:
Die die ich nicht rumkriege, die gibt es nicht.

Den notorischen Fremdgeher kann man auch altmodisch als Schürzenjäger bezeichnen. Kein Rock ist vor ihm sicher. Er wird schamlos, auch in ihrem Beisein, mit anderen Frauen flirten und hält sich für unwiderstehlich.

Der Fremdgeher hat den samenstreuenden Urmann der Steinzeit verinnerlicht, wobei es ihm gar nicht um die Vermehrung geht, sondern ausschließlich um sein sexuelles Vergnügen und um seine Trophäensammlung.

Unser Fremdgeher ist Sklave seines Unterleibes und Sie alleine werden seinen Hunger auf Sex niemals stillen können, denn Monogamie ist seine Sache ganz sicher nicht.

Jede Frau ist für ihn eine neue Herausforderung, jede Frau bedeutet für ihn ein neues Abenteuer, jede Frau ist für ihn ein Wild, das es zu jagen gilt.

Woran könnten Sie einen Fremdgeher anfangs erkennen? Gar nicht so schwer, denn der Fremdgeher gehorcht seinen Reflexen, sobald eine andere, für ihn attraktive, Beute den Raum betritt oder auch nur in seine Nähe kommt.

Achten Sie einfach auf seine Augen. Wenn diese anfangen zu wandern und unstet werden, checkt er schon eine andere Schöne in der Nähe ab. Wenn er den Rücken sehr gerade und auf besonders charmant macht, ist er schon auf der jagt nach einer anderen Frau, deren Aufmerksamkeit er sich zu sichern sucht. Gerne lacht er auch laut und oft, um die gewünschten Blicke auf sich zu ziehen.

Häufig ist der Fremdgeher wortgewandt und äußerst charmant, was nicht unbedingt auf seine Intelligenz, sondern vielmehr auf seinen Überlebensinstinkt zurückzuführen ist.

Wenn Sie also einem solchen Typen begegnen, begehren und nehmen, dann machen Sie sich schon einmal auf viele Kämpfe, Streitigkeiten und gegenseitigen Vorwürfen gefasst.

Ihr späteres Zusammenleben wird mit viel Detektivarbeit von Ihnen geprägt sein. Und wenn Sie glauben wollen ihn irgendwann einmal zähmen zu können, dann besorgen Sie sich schon einmal entsprechende Literatur über Wildkatzenzähmung.

Der Hochstapler

Motto:
Erst mal klotzen und dann weitersehen.

Der Hochstapler, der hier gemeint ist, ist nicht der, mit der kriminellen Natur oder Energie.

Unser Hochstapler ist der, der vor sich und anderen immer glänzen muss, da es ihm an der nötigen Souveränität, aus welchen Gründen auch immer, mangelt.

Der Hochstapler, der hier gemeint ist, hat seine kleinen und / oder großen persönlichen Lebensziele nicht erreicht.

Er ist kein harmloser Angeber im eigentlichen Sinne, sondern er geht über die bloße Angeberei weit hinaus, da er sich mit Federn zu schmücken sucht, die ihm überhaupt nicht zustehen.

Es kann beispielsweise sein, dass unser Hochstapler sich einen akademischen Titel aneignet, den er nicht innehat, oder sich einen solchen käuflich erwirbt, was heutzutage keine große Schwierigkeit darstellt.

Er ist außerstande sein übersteigertes Ego hintanzustellen. Immer und überall ist er der Größte und der Beste und lässt daran keinen Zweifel aufkommen.

Nach außen muss es scheinen als, hätte er reichlich Geld zur Verfügung, was ihn in prekäre Situationen bringen kann. Sein Haus ist gemietet, was er aber tunlichst verschweigt und es stattdessen sein Eigentum nennt. Sein Auto ist geleast, was er ebenso verschweigt, denn seine Außendarstellung und Wahrnehmung ist ihm das Wichtigste. Auf dem Dorf ist er gerne in Vereinen aktiv und lanciert sich selbstverständlich spielend in den Vorstand.

Immer ist er auf der Suche nach den gesellschaftlichen Größen in seiner Umgebung und gleichzeitig hat er Angst, dass sein Getue und Gehabe als das entlarvt wird, was es in Wirklichkeit ist, nämlich Größenwahn.

Wenn Sie als Frau nicht gleichfalls zur Hochstapelei neigen, werden Sie an der Seite eines Hochstaplers viele angstvolle Momente vor Entdeckung und Entlarvung erleben.

Denn der Hochstapler hängt mit seinen Geschichten immer an einem dünnen Seil, denn Feinde wird er sich, mit seinem Gehabe um sich, schnell machen. Für Sie als seine Frau gilt: mitgefangen, mitgehangen.

Wenn Sie also ihren Traum von Kerl als das Erkennen was er wirklich ist, kann es für Sie eigentlich nur eine Entscheidung geben.

Der Lügner

Der Lügner ist dem Hochstapler in mancher Hinsicht ähnlich, nur die Motive unterscheiden sich.

Das Lügen ist dem Lügner sozusagen eine zweite Haut und ist nicht selten eine krankhafte Eigenschaft.

Der zwanghaft veranlagte Lügner lebt in seiner Scheinwelt und ist nicht mehr fähig seine Lügen von seiner Wirklichkeit zu unterscheiden. Es geht soweit, dass der Lügner sich sozusagen selber belügt und nicht mehr zwischen Wahrheit und Lüge zu unterscheiden weiß.

Aber beschränken wir uns nicht auf den krankhaften Lügner, dem werden Sie eher in der Psychiatrie kennenlernen und ich gehe davon aus, dass dies nicht ihr bevorzugter Aufenthaltsort ist.

Wenden wir uns dem Lügenmann zu, dem Sie jederzeit, irgendwo begegnen und verfallen könnten.

Wenn Sie leichtgläubig sind, werden Sie seinem Charme erliegen und seine bunten Erzählungen nicht hinterfragen, denn schließlich wollen Sie das Sahnetörtchen ja nicht gleich mit Zickereien und kritischen Fragen vom Teller schubsen.

Gerne nehmen Sie zur Kenntnis, dass er ein toller Kerl ist, der in seinem Leben schon viel erlebt und erreicht hat. Es ist nicht so, dass er ein Habenichts wäre und ihnen auf der Tasche liegen will. Mitnichten, unserem Lügner geht es in aller Regel um Überhöhung, besser gesagt, um seine Überhöhung.

Er mag und liebt es geradezu, im Mittelpunkt der Aufmerksamkeit zu stehen. Und wenn sein bisheriges Leben auch nur wenige erwähnenswerte Höhepunkte aufweist, so wird er es flugs und geradewegs aus dem Stegreif um einiges filmreifer darzustellen wissen.

Auch wenn Sie noch so gutgläubig sind, irgendwann werden Sie ihn durchschauen und Sie werden sich zwischen Mitleid, Duldung und Zorn entscheiden müssen.

Wenn Sie dem Lügner trotz seiner Schwäche ihre Liebe weiter entgegenbringen möchten, befinden Sie sich in einem offensichtlichen Dilemma. Sie könnten versuchen, ihm das Lügen auszutreiben. Das bedingt aber, dass Sie ihn mit seinen Lügen konfrontieren und dies wird, je nach seinem Temperament zu zweifelhaften Situationen, wie beispielsweise zerknirschte Reue, bis hin zur schmerzvollen Trennung führen.

Sie können ihm aber auch seine Lügengeschichten durchgehen lassen und damit riskieren, in ihrem gesellschaftlichem Umfeld als »naives Mäuschen« angesehen zu werden und sich selber immer zwischen Glauben und Unglauben, auch was seine Gefühle ihnen gegenüber anbelangt, bewegen zu müssen.

Einen Rat zu einem offensiven, oder besser zu einem defensiven Verhalten und Umgang mit einem Lügner zu geben, ist hier immer zweifelhaft. Letztendlich ist es ihre Entscheidung und nicht unwesentlich davon beeinflusst, ob ihr Lügner eher zu kleinen oder doch schon zu deftigen Lügengeschichten neigt. Desweiteren ist es nicht unerheblich, wie ihre eigene Persönlichkeit gestrickt ist, ob Sie mit einem Lügner umgehen können oder es sogar wollen, oder ob ihr Hang zur Ehrlichkeit eine starke Ausprägung hat.

Wenn Sie ehrlich und erhobenen Hauptes durchs Leben gehen wollen, kann ein Lügner nicht ihre Wahl sein.

Der Verstecker

Motto:
Was sie nicht weiß, macht sie nicht heiß.

Der Verstecker kommt unserem oben beschriebenen Lügner in mancher Hinsicht nahe, da er sich manchmal oder oft zu einer Notlüge gezwungen sieht, um nicht tiefer in sich bohren zu lassen. Je mehr dass zu Versteckende für ihn eine negative Bedeutung hat, je tiefer es ihn schmerzt, desto mehr wird er in Versuchung geraten, dieses schwarze Loch seiner Persönlichkeit mit einer Legende auszuschmücken und/oder zu verschleiern.

Er hat in aller Regel gute Gründe dafür seine Vergangenheit, sozusagen, zu verschweigen und/oder zu verstecken.

Vielleicht hat er einmal einen unternehmerischen Schiffbruch erlitten, für den er sich schämt und dieses Thema daher nicht kommunizieren möchte. Oder er hatte beispielsweise eine kleine kriminelle Vergangenheit in seiner Jugend, die er auf keinen Fall offenlegen will. Ziemlich zwickelig würde es für ihn sein, wenn er eine heimliche, sexuelle Leidenschaft hegen würde, die gesellschaftlich geächtet ist.

Sie sehen, es könnte sich um alles Mögliche handeln, das unser Verstecker keinesfalls erkannt und über ihn bekannt sehen möchte.

Doch wie erkennt man einen Verstecker? Welche Verhaltensmerkmale machen es einem möglich zu erkennen, dass wir es mit einem Verstecker zu tun haben? Zwei bekannte und harmlose Beispiele sind Ihnen sicherlich bekannt.

Zum einen haben wir den Analphabeten und zum anderen, in früheren Zeiten, den Homosexuellen.

Beide haben jeder für sich ein Problem und unabhängig, erfolgreiche Verschleierungstechniken entwickelt um ihr gesellschaftliches Umfeld, sei es privater oder beruflicher Natur, zu täuschen. Und das erfolgreich bis über viele Jahre hinweg.

Diese beiden Beispiele zeigen uns, dass wir es mit sehr intelligenten und hochraffinierten Menschen zu tun haben, die für ihr spezielles Problem, oder Probleme, eine

Art Schutzschild entwickelt haben, der auch mit gezielten Fragen nur schwer zu durchdringen wäre.

Ein sehr gutes Beispiel ist hier der geschasste Manager mit Haus, Hund und Familie und gutem Umfeld, der seinen Job verlor und das mit allen Mitteln zu verschweigen sucht.

Was macht er?

Er mietet sich ein Büro in einer Bürokooperation. Hier gibt es eine oder zwei Sekretärinnen, die für alle Büromieter zuständig ist oder sind. Dass er nicht mehr in der Firmenzentrale zu erreichen ist, begründet er damit, dass er eine neue Außenstelle aufbauen soll und dass das noch ein firmeninternes Geheimnis ist, um die Konkurrenz nicht aufzurütteln.

Somit wahrt er sein Gesicht, gibt sich immer noch als Sieger und fährt morgens frohgemut in sein Büro. Diese Scharade geht solange gut, wie er finanzielle Ressourcen hat, diese aufrecht zu erhalten.

Ein anderes Beispiel ist der Mann, der sich erst und nur in Frauenkleidern wohlfühlt. Wenn er alleine lebt, ist es für ihn kein Problem, seine Leidenschaft innerhalb seiner vier Wände auszuleben. Hat er aber Frau und Kinder, wird seine Vorliebe zu etwas, das Leiden schafft und er wird nach Lösungen suchen, seiner Vorliebe nachgehen zu können. Auf gar keinen Fall darf seine Vorliebe zu Frauenkleidern irgendwie, irgendwem bekannt werden. Er würde sich der Lächerlichkeit preisgeben und wäre fortan gesellschaftlich geächtet oder schlimmeres.

Wir sehen an oben genannten Beispielen, wie Komplex es sein kann, ein absolutes Geheimnis, etwas was nur der Verstecker über sich weiß, zu verheimlichen und eben zu verstecken.

Der Kontrolleur

Motto:
Wissen ist Macht.

Wenn Sie bemerken, dass ihr Herzbube zu Kontrollattacken neigt, sollten Sie schnellstens alle ihre Passwörter, online wie offline ändern.

Der Kontrolleur will alles, wirklich alles, im Beruf wie auch im Privatem kontrollieren und beherrschen. Etwas nicht zu wissen, treibt ihn in eine fieberhafte Unruhe und er wird alles daran setzen, diese Wissenslücke zu füllen.

Was Sie betrifft, will er alles über Sie erfahren. Er will erfahren wann, wo und mit wem Sie Umgang haben. Er will wissen mit wem Sie über was gesprochen haben und wenn Sie ihm nicht erschöpfend alles berichten, wird sein Misstrauen kaum zu zügeln sein.

Er wird ihren PC und ihr Handy kontrollieren. Er wird versuchen ihre Passwörter auszuspionieren und ihre Mails lesen. Er wird ihre gespeicherten Rufnummern checken und sehen wollen, mit wem Sie wann telefoniert haben.

Kurzum, der Kontrolleur wird ihr gesamtes Leben, auch ihre gesamte Vergangenheit ausspionieren und katalogisieren, bis ihnen keine Luft zum Atmen mehr bleibt.

Am Beginn ihrer Beziehung mit ihm wird er mit seinem Kontrollwahn noch sehr behutsam umgehen. Schließlich will er ihnen nicht signalisieren: Hey Liebes, ich bin ein manischer Kontrolleur und werde jetzt mal dein Leben ausspionieren.

Sein Ziel ist es, Macht über Sie und ihr Leben zu gewinnen. Um dieses Ziel zu erreichen, wird er sich nach und nach in ihr Leben einschleichen. Es beginnt damit, dass er Sie zu ihrer Arbeitsstelle fährt und Sie auch wieder abholt. Ihnen wird das gefallen, zeigt es doch, wie aufmerksam er ihnen gegenüber ist.

Er wird sich mit ihren Arbeitskollegen gut tun. Es beginnt ganz spielerisch und harmlos, wenn er sich in ihr berufliches Umfeld einschleicht.

Selbstverständlich dringt er genauso spielerisch und charmant in ihren Freundes- und Bekanntenkreis ein. Auch das erscheint Ihnen völlig normal, schließlich möchten Sie ja alles mit ihm teilen.

Da ihr Kontrolleur zur intelligenten Sorte Mann gehört und sowohl wortgewandt wie auch emphatisch erscheint, wird er besonders bei ihren Freundinnen und Kolleginnen, als sehr sympathisch wahrgenommen, empfiehlt er sich doch als guter Zuhörer. Eine seltene Eigenschaft bei Männern, die besonders bei Frauen Anklang findet.

Aber diese Eigenschaften sind für den Kontrolleur nur Mittel zum Zweck, sozusagen sein Handwerkzeug. Helfen Sie ihm doch, die Zungen derer zu lösen, die ihm soviel wie möglich über Sie verraten können.

Besonders wird ihn natürlich ihre Vergangenheit interessieren, insbesondere frühere Beziehungen zu Männern, wie diese Verlaufen sind, wie und warum sie endeten und dergleichen mehr.

Seine Königsdisziplin ist aber die Infiltration ihrer Eltern, Geschwistern und sonstigen Verwandten, die über ihre Kindheit und Jugend Auskunft geben können.

Beispielsweise wird ihm ihre Mutter mit Freude erzählen, wie Sie als Kind oder Teenager waren. Er wird viel lachen und sie zum Weitererzählen ermuntern. Waren Sie als Kind eher verängstigt und schüchtern oder doch forsch, fordernd und neugierig. Anschließend wird er bei ihrem Vater und ihren Geschwistern nachforschen und sein Bild von Ihnen wird sich vervollkommnen.

Während Ihnen das alles immer noch harmlos und süß erscheint, wird er Ihre Persönlichkeitsstruktur vollumfänglich kennenlernen und sich nunmehr mit der Analyse und ihrer Gegenwart, die unmittelbar auch Ihre weitere Zukunft betrifft, beschäftigen.

Mit anderen Worten, Sie befinden sich nun in seinem Netz und er wird die Dominanz, wenn nicht die Herrschaft, in Ihrer Beziehung übernehmen.

Er weiß nun wie er Sie, in seinem Sinne, manipulieren kann und seine Ziele erreichen wird.

Wenn es so weit ist, stellt sich die Frage, welche Absichten verfolgt er mit seiner Macht über Sie?

Der Oberlehrer

Motto:
Ich weiß es immer besser.

Der Oberlehrer, auch Besserwisser genannt, ist meist ein armes Würstchen, dem jegliche Fantasie abgeht. Selten agiert er selber, meist reagiert er nur.

Gleichgültig was Sie sagen oder tun, er weiß es immer besser. Im Grunde genommen lebt er von ihren Gedanken, von ihren Ideen und von ihren Taten.

Würde er es dabei belassen, wäre es ja gut und Sie könnten damit leben, der kreative Part ihrer Beziehung zu sein.

Aber leider belässt er es eben nicht dabei. Er lässt Sie weder zu Ende denken, noch zu Ende machen. Er zerstört jede ihrer Ideen im Ansatz gerne mit einem »Ja, aber ...«.

Der Oberlehrer benötigt unbedingt sein Publikum, um seinem Drang nach persönlicher Überhöhung nachkommen zu können. Da er selten eigene Ideen hat, benötigt er die Ideenansätze anderer, die er sofort aufschnappen kann um diese dann und in seinem Sinne, vor seinem Publikum, weiterzuentwickeln um seinen Status als Alleswisser untermauern zu können.

Unfähig einfach nur zuhören und akzeptieren zu können, mischt er sich in jede Unterhaltung, um im Nachgang genüsslich zu Monologen anzusetzen und sein Publikum auf sich zu zentrieren.

Unser Oberlehrer ist nur ein Trittbrettfahrer, ein Gedanken- und Ideenparasit. Selten beginnt er eine Unterhaltung oder eine Diskussion aus sich heraus. Er wartet lieber ab bis jemand anderer mit einem Gedanken oder einer Idee herauskommt, um sodann das Gespräch an sich zu ziehen, oder eine Diskussion zu dominieren.

Wenn Sie sich als Partnerin des Oberlehrers ihm unterwerfen, was ja sein grundsätzliches Anliegen ist, wird es sehr bald recht einsam um Sie herum werden. Familie, Freunde und Bekannte werden den Oberlehrer und damit auch Sie, meiden. Sein zweifelhafter Ruf eilt ihm alsbald voraus und sollten Sie eine Party geben wollen, wird es nur so an höflich umschriebenen Absagen hageln. Auch Einladungen werden der Seltenheit angehören.

Ihr Oberlehrer wird die Schuld gesellschaftlicher Ächtung natürlich nicht bei sich selber suchen, sondern lieber Sie oder die dummen Ignoranten, die seiner nicht würdig sind, verantwortlich machen.

Aber welche Möglichkeiten der Besserung verbleiben Ihnen, wenn Sie sich gerade in einen Oberlehrer verliebt haben?

Nun, meine Empfehlung wäre, seine eigene Waffe zu nutzen und gnadenlos zu monologisieren. Lassen Sie sich bei ihrer Beschwerde über ihn nicht unterbrechen. Machen Sie ihm deutlich, auch mit der letzten Konsequenz der Trennung, dass Sie sein Verhalten nicht mehr dulden werden und er sich dementsprechend ändern muss. Hier hilft wirklich nur die Holzhammermethode.

Der Eifersüchtige

Motto:
Was ich darf, darfst Du noch lange nicht.

Eifersucht ist eine ganz normale Reaktion des Mannes, wenn ein möglicher Rivale auftaucht, um Ihre Gunst buhlt und Sie diese Umgarnung auch noch genießen. Das mag kein Mann gerne und ist nur natürlich.

Manche Männer aber neigen dazu, vorausgesetzt sie sind sich ihrer Partnerin sicher, heftig mit anderen Frauen zu flirten, um sich und ihrem Umfeld zu beweisen, was für tolle Hechte sie doch sind. Auch das ist bei einigen Männern völlig normal, wenn auch von der aktuellen Partnerin nicht gewünscht.

Wenn Sie es jedoch mit einem Mann zu tun haben, der ständig auf jeden anderen Mann in ihrer Umgebung, auch ohne den geringsten Anlass, eifersüchtig reagiert, dann haben Sie ein Problem.

Ihr Problem heißt dann Ausgrenzung, Einengung und Unsicherheit im Umgang mit anderen Männern.

Aber auch Ihr überaus eifersüchtige Partner hat Probleme die da heißen, Unsicherheit, Verlustangst, ungesunde Persönlichkeitsentwicklung und dergleichen mehr.

Nun ist es für Sie entscheidend, ob Sie es mit einem weichen Eifersüchtigen zu tun haben, der Sie im Nachhinein mit Vorwürfen überschüttet um Ihnen dann weinerlich seine Liebesschwüre zu Füssen zu werfen, oder Sie an einen harten Eifersüchtigen geraten sind, der auch vor körperlicher Gewalt nicht halt macht. Denn hier entscheidet sich Ihr weiteres Vorgehen.

Wenn Sie einen solchen Mann lieben, der unter extremer Eifersucht leidet und Sie somit mitleiden lässt, hilft Ihnen erst einmal nur ein liebevolles, klärendes Gespräch. Erläutern Sie ihm, das zu extremer Eifersucht für ihn kein Anlass besteht, dass er Sie mit seinem Verhalten sehr unglücklich macht und Sie sich eingeengt und unfrei fühlen.

Bedenken Sie, Sie haben es mit einem sehr unsicheren Menschen zu tun, auch wenn er nach außen anders wirken mag. Er hat Angst vor Kontrollverlust, Liebesentzug und ist sich seiner selbst nicht sicher.

Oft reagiert unser Eifersüchtiger sehr emotional bis aggressiv. Vergessen Sie nicht, eigentlich ist er nur ein Gefangener seiner Ängste.

Sollte er in der Tat sehr aggressiv, bis hin zur physischen Gewaltandrohung reagieren, hilft nur noch der Weg zu einem Psychologen.

Wenn Sie also einem solch extremen Exemplar von Eifersüchtigem begegnen und Sie schon nach kurzer Zeit das Gefühl der Unfreiheit beschleicht, sollten Sie sofort das Gespräch mit ihm suchen und Klarheiten schaffen, oder sich auf ihre Freiheit der neuen Partnerwahl besinnen.

Der Langweiler

Motto:
Ich habe eigentlich keine Lust.

Der Langweiler hat eine sehr unschöne Eigenschaft, er langweilt sich nicht nur selber, sondern schlimmer, er langweilt auch andere.

Nun kann es sein, dass Sie genau so einen Typen lieb haben wollen. Sie haben mit einem Langweiler keine größeren Schwierigkeiten zu erwarten, allerdings sind ihm Spontanität und Abenteuerlust, fremde Begriffe.

Jemandem der permanent Langeweile empfindet, werden Sie schwerlich fantasievolle Höhenflüge entlocken können. Allerdings kann es gut sein, dass ihr Langweiler beispielsweise einen akademischen Hintergrund hat, der sich dem Normalmenschen nicht unbedingt erschließt.

Stellen wir uns vor, unser Langweiler ist in der Nanotechnologie in der Forschung tätig. Stellen wir uns weiter vor, unser Langweiler geht in seiner Tätigkeit als Wissenschaftler ganz und gar auf und ist hier vollkommen fokussiert.

Wenn er also nicht gerade mit seinesgleichen über sein Fachgebiet fabulieren kann, ist er für den gesellschaftlichen Alltag eventuell kaum zu gebrauchen. Er hat einen solchen Tunnelblick, dass ihn andere Themen nicht interessieren und demzufolge sucht er außerhalb seines Interessengebietes auch keine Bindungen, da er solche als Zeitverschwendung empfinden würde.

Dieser beschriebene Langweiler wäre immerhin die intelligente Variante, mit der man sich eventuell arrangieren könnte. Doch was ist, wenn Sie auf die weniger intelligente Variante treffen?

Diese Sorte von Mann wird Sie über kurz oder lang herunterziehen. Seine Langeweile, seine Einfallslosigkeit und dass fehlen jedweder Fantasie wird Sie einlullen und in eine emotionale Leere ziehen.

Sicher, er mag ein schöner Mann sein und sie lieben seine Physis. Sie werden in ihm anfangs vielleicht nur einen latenten Phlegmatiker vermuten, der nur einen leichten Tritt in den Allerwertesten braucht. Sie werden sich die allergrößte Mühe geben in zu aktivieren.

Doch bald schon werden Sie merken, dass Sie sein Vakuum nicht füllen können. Dann bleiben ihnen nur noch zwei Möglichkeiten, entweder Sie akzeptieren ihn so wie er eben ist und stellen sich auf ein geruhsames Leben an seiner Seite ein, oder Sie sagen Adieu und brechen auf zu neuen Ufern.

Der Versprecher

Motto:
Irgendwann mein Schatz, du wirst schon sehen.

Der Versprecher ist entweder ein Träumer oder ein kleiner Hochstapler, der zum Verlierer neigt.

Lernen Sie den Träumer des Versprechertyps kennen, ist es gut möglich, dass er selber an seine ewigen Versprechungen glaubt. Dann liegt es an ihnen, ihn von seinen Träumereien zu befreien und ihn in die Realität zu bugsieren.

Unser Träumer hat womöglich noch gar nicht seinen Platz im Leben oder den richtigen Weg für sich gefunden und daddelt nur in seinem Kopf herum. Er ist einfach unfähig, seine Träume in Ziele zu verwandeln, da er sich nicht festlegen will oder kann.

Er hat eine Idee noch nicht zu Ende gedacht und kommt Ihnen schon mit einer neuen, vermeintlich besseren Idee um die Ecke.

Dabei ist er durchaus liebenswert und seine sprunghafte, jungenhafte Art weckt ihre verborgenen, mütterlichen Gefühle. Nur leider bleibt dabei ihr Konto auf der Strecke und seine Versprechen bei Kerzenlicht und kaltem Dosenfleisch, dass sich sehr bald alles zum Besseren wenden wird, wird Ihnen nur ein unterkühltes Lächeln entlocken.

Der andere Typ des Versprechers ist der ewige Verlierer. Auch er hat ständig neue Ideen im Kopf, nur kosten diese leider immer Geld, und zwar ihr Geld. Sie mögen es Schulden nennen, er nennt es Investition.

Ja er verlangt geradezu von Ihnen, dass Sie ständig in ihn und seine Ideen investieren und er wird schmollen, wenn Sie sich ihm verweigern. Ein neuerliches Scheitern wird er Ihnen in die Schuhe schieben. Selbstkritik ist seine Sache nicht.

Gerne stellt er sich über andere. Hat er denn nun eine Arbeitsstelle, beispielsweise im Vertrieb gefunden, wird er Ihnen schnell eine rosarote Zukunft malen und Ihnen schon mal seine baldige Beförderung zum Vertriebsleiter prophezeien.

In einem solchen Fall lassen Sie ihm seine Hirngespinste. Hauptsache er macht seine Verkaufsumsätze und ihr Konto bleibt schön grün.

Kommt er Ihnen aber mit der optimistischen Idee, einen Waschsalon in einer Kleinstadt ohne Studenten übernehmen zu können, und Sie sollten mal schnell für 100 Tsd. Euro bei der Bank für ihn bürgen, dann waschen Sie ihm den Kopf, oder suchen endlich das Weite.

Der verheiratete Feigling

Motto:
Vergnügen ist Vergnügen und sollte nicht zur Last werden.

Wenn Sie sich nicht binden wollen, kein schlechtes Gewissen kennen und nur eine lockere Beziehung suchen, sind Sie bei ihm an der richtigen Adresse.

Doch eines dürfen Sie niemals vergessen, für den verheirateten Feigling sind Sie nur ein, mehr oder weniger großes, sexuelles Abenteuer und nicht mehr.

Sollten Sie sich jedoch unerwartet in einen solchen Mann verlieben, werden Sie, meistens zumindest, auf die Verliererstraße einbiegen.

Solange Sie ihn mit Reizwäsche und guter Laune empfangen, solange wird er Ihnen sein Sonntagsgesicht zeigen. Für ihn sind Sie so etwas wie ein Kurzurlaub, ein Wochenende, eine Ferieninsel fern von seiner Frau, eventuellen Kindern und trübseligen Alltagsgedanken. Kurz, eine willkommene Ablenkung.

Bei Ihnen wird er seine Leichtigkeit, vielleicht auch seine Jugend wiederfinden. Je nach Brieftasche wird er Sie mit kleineren oder auch größeren Geschenken überraschen.

Doch lassen Sie sich nicht blenden, Sie sind nie ganz in seinem Herzen. Sein Hafen, seine Sicherheit, ist und bleibt seine Familie.

Dort liegen die Grundsteine seiner Persönlichkeit, mehr oder weniger fest verankert. Wenn es Kinder und / oder noch gemeinsame finanzielle Verpflichtungen, wie beispielsweise eine Hypothek auf ein Haus gibt, gehen ihre Chancen, diesen Mann an sich zu binden gegen Null.

Das werden Sie spätestens dann spüren, wenn Sie sich tatsächlich in ihn verliebt haben und beginnen, an eine gemeinsame Zukunft zu denken. Selbstverständlich sind Sie intelligent genug, nicht den Holzhammer herauszuholen um ihn hart mit ihrem Wunsch zu konfrontieren.

Nein, Sie werden sicher subtiler zu Werke gehen und ihm immer wieder kleine Häppchen servieren. Wie schön könnte es doch sein, wenn wir mehr Zeit füreinander hätten. Könntest du dir gemeinsame Urlaube mit mir vorstellen?

Und je mehr Sie insistieren und in ihn dringen wollen, je mehr Sie sich zum Dornröschen stilisieren, das von ihrem Helden wach geküsst und zur Frau genommen werden will, desto mehr wird aus dem vermeintlich strahlendem Helden innerlich ein jämmerlicher Feigling.

Zuerst wird er ihren Wünschen spielerisch und mit Zeitspiel begegnen. Vielleicht geht er anfangs sogar auf ihre kleinen, anfänglichen Visionen ein. Vielleicht springt er auch aus den Schuhen und ist Feuer und Flamme für das, was Sie sich mit ihm vorstellen.

Nur bedauerlicherweise wird sein Heldenmut ihn auf der Rückfahrt zu Heim, Frau und Kindern recht schnell verlassen und mancherlei Ängsten weichen.

Während Sie im Triumph schwelgen und die Hochzeitsglocken läuten hören, wird er Rückzugsstrategien entwickeln, die ihn billig aus seiner misslichen Lage retten sollen.

Anfangs wird er versuchen einen Spagat zwischen Ihren und seinen Bedürfnissen zu finden. Dann wird er so manche, ihn bedrohende, Entwicklung und Verwicklung erkennen. Irgendwann stellt er sich den Alltag mit ihnen vor und wie Sie wohl in zehn Jahren aussehen werden.

Spätestens jetzt werden sich seine Ängste in Abscheu Ihnen gegenüber verwandeln. Denn Sie sind Schuld an der Situation, in der er sich nun befindet. Sie hätten es so belassen sollen, wie es bisher war anstatt auf einmal solche ungeheuerlichen Ansprüche an ihn zu stellen. Was sind Sie denn für ihn? Gut der Sex mit Ihnen war schön und aufregend für ihn, aber hat er Ihnen nicht immer Geschenke gemacht? Hat er irgendetwas von Ihnen gefordert? Nein! Ihr Verhalten ist unerhört.

Verstehen Sie? Ihr verheirateter Feigling sucht einen Schuldigen, für sein Gewissen und für seine Ängste und entschließt sich innerlich zur Flucht.

Seine Fantasie reicht aus, um sich sein persönliches Desaster vorstellen zu können, wenn er einen harten Schnitt mit Ihnen macht. Denn selbst davor hat er Angst. Nämlich vor seiner Entlarvung als Feigling. Vor der Bloßstellung als Ehebrecher und nicht zuletzt, vor dem Entsetzen eines eventuellen wirtschaftlichen Ruins.

All das wird unserem verheirateten Feigling den Schlaf rauben. Sie werden seine Sorgen vielleicht nicht sofort erkennen, eventuell wird er Ihnen noch eine Zeit lang etwas vorspielen. Aber sein Rückzug ist für ihn längst beschlossene Sache und er sucht nur nach einem Weg oder einem Vorwand, wie er weich und schadlos aus der Beziehung mit Ihnen herauskommt.

Der Egoman

Motto:
Ich bin das Zentrum allen Geschehens.

Wenn Sie einem Egomanen begegnen, müssen Sie eines akzeptieren: Sie werden niemals die Nummer Eins in seinem Leben sein, denn diese Position gebührt alleine ihm.

Die Rede hier ist nicht von dem manisch-depressiv-kranken Egomanen, nein hier sprechen wir über einen an sich gesunden Menschen, der sich allerdings für den Mittelpunkt der Welt hält.

Der Egomane hält sich für die Krone der Schöpfung. Alles muss sich um ihn drehen und Sie sind nur sein nettes Anhängsel, das sich glücklich schätzen darf, von ihm wahrgenommen zu werden.

Bei einem Egomanen müssen Sie sich auf eine Rolle einstellen, die ihnen ein großes Maß an Opferbereitschaft abverlangt. Stellen Sie ihr Bedürfnisse hintenan, denn Sie haben fortan nur für die Bedürfnisse ihres Egomanen da zu sein.

Sagen Sie ihm immer wieder, dass er der Größte und unfehlbar für Sie ist und er wird Sie lieben. Aber so sehr Sie sich auch erniedrigen, einem Egomanen können Sie in seinem Wahn niemals gerecht werden.

Das Einzige was Sie tun können, wenn Sie in ihrem kleinen Egoisten endlich den Egomanen entdecken ist, machen Sie sich schnell aus dem Staub.

Der Nörgler

Motto:
Nichts ist gut genug für mich.

Er hat immer etwas an Ihnen und an allem anderen auszusetzen. Haben Sie bei ihrem Chef endlich die verdiente Gehaltserhöhung durchgesetzt, wird er sagen, dass Sie sich zu billig verkauft haben. Kommen Sie stolz, mit moderner Kurzhaarfrisur von ihrem Friseur, wird er lange Haare plötzlich viel attraktiver finden. Nein, mit einem Nörgler ist nicht gut zurechtzukommen.

Sie können tun und lassen was Sie wollen, immer hat er etwas auszusetzen. Dabei hat er aber, bei aller Nörgelei, keine eigenen Ideen zur Verbesserung. Ihm missfällt dies und jenes, ohne richtig konkret zu werden.

Ihr Nörgler wird ihr partnerschaftliches wie auch ihr gesellschaftliches Leben, mit seinem Missmut auf harte Proben stellen. Seine Mundwinkel zeigen meist gen Süden und herzhaftes Lachen ist seine Sache nicht.

Vorfreude auf ein Fest, eine Party, einen Ausflug, einen Urlaub etc. werden sich bei Ihnen in Besorgnis oder Ängste hinsichtlich seiner Reaktionen wandeln.

Sie werden ständig auf der Hut sein, was er denn nun wieder auszusetzen haben könnte. Sie werden in Situationen geraten, in denen Sie sich für ihn schämen werden und sich für sein Verhalten bei anderen entschuldigen müssen.

Nun werden Sie den Nörgler nicht gleich bei ihrem ersten Date mit ihm, als solchen identifizieren können. Aber auf ein paar kleine, erste Anzeichen, sollten Sie doch achten.

Beispielsweise lädt er Sie zu einem Essen in ein Restaurant ein, sperren Sie ihre Lauscher auf. Ist ihm der Wein zu warm? Ist ihm das Essen überwürzt? Gefällt ihm die Dekoration nicht? Ist der Kellner zu unaufmerksam? Scheint ihm die Rechnung überteuert?

Eine, leichte Unzufriedenheit muss nicht gleich Nörgelei sein, wenn die Meckerei sich aber über den Abend wie ein roter Faden hinwegzieht, haben Sie es höchstwahrscheinlich mit einem richtigen Dauernörgler zu tun.

Er selber wird gar nicht bemerken, dass er Ihnen gehörig auf den Wecker geht. Wenn Sie hier mit Schweigen reagieren, wird er dieses als Zustimmung interpretieren. Wenn Sie ihm mit Gegenrede kommen, kommt es auf sein Temperament an und Sie lernen so schon einmal ein wenig seinen Charakter kennen.

Seine ständige Nörgelei ist einer tiefen Unzufriedenheit geschuldet. Das kann ihr Ansatz sein um bei ihm Besserung herzustellen.

Denn wenn Sie ihren Nörgler trotzdem liebenswert finden, wird es ihr Job sein, seine Stimmung dauerhaft aufzuhellen und ihm zu einer positiven Lebenseinstellung zu verhelfen. Das wird Ihnen leicht fallen, wenn Sie ein heiterer und ein humorvoller Mensch sind. Mit Humor klopfen Sie so ziemlich die meisten Nörgler weich.

Sind Sie aber eher introvertiert, sich selber unsicher oder mit wenig Durchsetzungsvermögen ausgestattet, werden Sie ihre liebe Mühe haben einem Nörgler auf Augenhöhe zu begegnen.

Der Verlierer

Motto:
Was kann ich dafür, wenn ich immer Pech habe?

Das ist die Krux mit den Verlierern, man erkennt Sie oft erst als solche, wenn schon alles verloren ist.

Sicher, manchen Männern steht das Wort »Verlierer« quasi auf die Stirn geschrieben. Aber man sollte nicht vergessen, dass solche Männer auch einmal Wünsche, Träume und Pläne hatten, die Sie vielleicht glauben ließen zu den Gewinnern gehören zu können, bis ihre Misserfolge sie zur Resignation zwangen.

Aber hier reden wir von dem Verlierer, den Sie nicht als solchen erkennen werden, wenn Sie ihm erstmals begegnen und ihn kennenlernen. Dieser Verlierer kommt ihnen mit einer Maske und entsprechend kostümiert daher.

Was denken Sie? Wird Ihnen der Beelzebub mit Hinkehuf und nach Schwefel riechend begegnen, wenn er Sie zu Sünden verführen möchte? Nein, eher nicht?

Nun das wird unser Verlierer auch nicht tun, denn unser Verlierer ist kein Dummkopf. Der Verlierer ist durchaus fähig zur Wandlung, nicht zur inneren wohlgemerkt, sondern zur äußeren. Er kann charmant, humorvoll und unterhaltend sein, jedoch basieren diese Eigenschaften hier nicht auf einen eventuellen Gewinner, sondern leider eher auf einen Blender.

Der intelligente Verlierer wird Sie wortreich umgarnen und um Sie werben. Wenn Sie ihm jetzt vorbehaltlos alles glauben was er ihnen, durchaus künstlerisch, darbietet, werden Sie untergehen. Warum?

Diese Art Verlierer-Mann ist grundsätzlich auch ein Spieler und um spielen zu können, benötigt er Einsätze. Und diese Einsätze sollen Sie ihm beschaffen.

Da sich der Verlierer im Grunde als Opfer gegen ihn gerichteter Umstände begreift und seine eigenen Unzulänglichkeiten nicht erkennen mag, wird er immer ein neues Geschäft, eine neue Gelegenheit im Ärmel haben, von dem er sich seinen Durchbruch aus seiner Dauermisere verspricht.

Um seinen ewigen Traum, mit wenig persönlichem Aufwand den großen Wurf zu landen umzusetzen, bedarf es in aller Regel Geld. Da er dieses eben nicht hat und seine Bank hier nicht dienen will, benötigt er eben Fremdreserven.

Irgendwann, in nicht allzu später Zukunft Ihrer Liaison, wird er Ihnen eröffnen, dass er gerade eine supertolle, absolut wasserdichte Geschäftsmöglichkeit gefunden hat.

Er wird Ihnen, der verliebten Maus, eine rosarote Zukunft malen und wer weiß, vielleicht glaubt er sogar selber daran. Jedenfalls fehlen im gerade 5000 Euro und er wird so lange zerknirscht dreinschauen, bis Sie sich endlich erbarmen.

Sie denken, dass Ihnen das nicht passieren wird? Aber sicher, denn Sie lieben ihn und wollen, dass er erfolgreich sein wird. Und wenn Sie mit ihrer Spende an seinem Erfolg teilhaben können, so werden Sie es tun und verlieren.

Der Abenteurer

Motto:
Ich bin dann mal weg.

Wenn Sie selber einmal in einem Zweimann-Segelboot um die Welt schippern möchten, oder den K2 im Himalajagebirge erklettern wollen, dann haben Sie mit dem Abenteurer genau den richtigen Kerl ergattert.

Sollten Sie jedoch einen Kinderwunsch haben und ihren Bausparvertrag mit ihm teilen wollen, dann putzen Sie sich diesen Typ besser von der Backe und schauen lieber mal öfter bei ihrem Finanzamt rein, ob Ihnen da vielleicht ein netter Typ über den Weg läuft.

Der Abenteurer ist zwar nicht grundsätzlich einer festen Beziehung gegenüber abgeneigt, jedoch sollten Sie sich im klaren darüber sein, dass man Raubtiere zwar einsperren aber eben nicht zähmen kann.

Nun müssen Sie ja nicht unbedingt einem Abenteurer begegnen, den es in die weite Ferne zieht. Ihr Abenteurer kann ja auch ein Frauenheld sein, der seine Abenteuer in weichen, wenn auch fremden Betten sucht.

Ihr Abenteurer kann auch jener sein, der sich mit Inbrunst in jedes geschäftliche Wagnis stürzt, welches sich ihm darbietet und ihm lohnend erscheint.

Welcher Typ von Abenteurer ihr Auserwählter auch sein mag, langweilig wird ihr Leben mit ihm sicher nicht. Die Frage die sich Ihnen stellt, ist nur die, ist er ein Gewinner oder ein Looser.

Abenteuer sind in aller Regel unberechenbar, was ihren Ausgang anbetrifft, sonst wären es ja keine Abenteuer. Und diese Ungewissheit wird Sie in einer Partnerschaft mit ihm, dem Abenteurer, immer begleiten.

Wenn Sie also eine hübsch geplante Zukunft mit einem Mann anstreben, in der Kinder, Haus und Sicherheit im Vordergrund stehen, sind Sie mit einem Abenteurer denkbar schlecht beraten.

Jedem Abenteurer ist ein ausgeprägtes Selbstbewusstsein und eine gute Portion Egoismus zu eigen. Ihn zu zähmen versuchen, muss ein sinnloses Unterfangen bleiben.

Wenn es dieser Urkerl denn nun unbedingt sein muss, dann machen Sie besser ihr eigenes, kleines Abenteuer draus und haben später eine nette, schwirrende

Erinnerung, wenn Sie dann irgendwann einmal in ihrem kleinen Garten sitzen und den Kindern beim Schaukeln zusehen.

Der Geizhals

Motto:
Mein Geld ist mein Geld und genug ist nicht genug.

Sie gehen gerne mal lustvoll shoppen? Oh je, da kann man nur für Sie hoffen, dass Sie sich nicht mit einem Geizhals eingelassen haben.

Dem Geizhals klarzumachen, das Geld auch zur Erfüllung von Wünschen da ist, ist ein Unterfangen, dass völlig sinnlos ist und durchaus zu Wutausbrüchen bei ihm führen kann.

Selbstverständlich ruft ein gut gefülltes Bankkonto auch bei Ihnen einen wohligen Schauer hervor, aber ein bisschen Leben muss doch auch sein, oder?

Gehen wir einmal davon aus, dass Sie eine lebenslustige Frau sind. Sie wollen ihre Jugend, ihre verführerischen Jahre genießen und sich ein wenig austoben. Ihren Kinderwunsch haben Sie auf die späten dreißiger verlegt und ihre finanzielle Vorsorge sehen Sie eher darin, einmal eine gute Partie zu machen. Das schwebt Ihnen zumindest jetzt so vor.

Und da steht plötzlich dieser süße Typ vor Ihnen und Sie denken WOW, dieser Typ haut mich um, den kick ich an.

Dass er in der Kneipe nur wenig trinkt, spricht für ihn. Er ist schon mal kein Trinker. Und auch als Sie bemerken, dass er ihnen nur wenige Getränke ausgibt nimmt Sie für ihn ein, er will Sie also nicht zukippen um so an unlautere Ziele zu gelangen. Alles wunderbar also.

Zum richtigen kennenlernen wird eine Verabredung zum Essen in einem Restaurant getroffen. Sie machen sich also hübsch und betrachten sich, ganz weibliche Unschuld, als eingeladen.

Sie sitzen nun beide im Restaurant und der Kellner bringt die Speisekarte. Spätestens jetzt wird sich der Geizhals outen. Er wird, mit Hinweis darauf, dass Sie sich ja noch gar nicht richtig kennen vorschlagen, dass jeder für sich die Rechnung zahlt.

Er wird Ihnen ihre Enttäuschung vom Gesicht ablesen und sofort beschwichtigen wollen. Beispielsweise wird er anführen, dass er schon mehrmals solche Situationen erlebt hat, aus denen dann nichts geworden ist und er am Ende immer die Zeche bezahlen musste. Hat er weniger

Fantasie zur Verfügung, wird er anführen, dass er zu wenig Geld für beide einstecken hat.

Wie auch immer, hier merken Sie dass ihnen jemand gegenüber sitzt, der auf seinem Geld hockt. Wenn Sie sich jetzt dennoch in ihn verlieben, liegt es vielleicht an seinen schönen Augen oder auch daran, dass Ihnen Sparsamkeit selber weder fremd, noch unwillkommen ist.

Aber Sparsamkeit ist das Eine, Geiz ist das Andere und dass ist eine Erfahrung, die Sie mit dem Geizhals machen werden.

Wenn Sie mit ihm zusammenziehen möchten und haben Ihren eigenen Job und Einkommen, dann machen Sie sich von ihm finanziell unabhängig. Bestehen Sie darauf, Ihr eigenes Konto zu führen und nur die Lebenshaltungskosten mit ihm zu teilen, aber nicht Ihr eigenes Geld.

Lassen Sie nicht zu, dass er die alleinige Kontrolle über Ihre und seine Einnahmen übernimmt. Sicher, Ihr Geizhals kann ansonsten ein liebenswürdiger und zuverlässiger Lebenspartner sein, aber in finanziellen Dingen versteht er keinen Spaß.

Nun, wenn Sie zur Lebenslust neigen, ist der Geizhals
kaum als der geeignet, mit dem Sie Pferde stehlen
können.

Der Unzufriedene

Motto:
Mir macht es niemand recht und du erst recht nicht.

Er kommt dem Nörgler schon sehr nahe. Nichts ist ihm gut genug, immer kann es noch eine Schippe mehr sein. Er ist griesgrämig und oft ungerecht. In späteren Jahren wird er sagen, dass er mit Ihnen ein schlechtes Los gezogen hat.

Ja das wird die Quintessenz ihres Lebens sein, wenn Sie den Unzufriedenen denn geheiratet haben, »ein schlechtes Los«.

Aber wie konnte der nette Typ, der er anfangs war und in den Sie sich verliebt haben, nur so unzufrieden werden? Wann und wie hat es damit angefangen?

Diese und ähnliche Fragen werden Sie sich stellen und Sie werden ebenso unzufrieden werden, weil Sie vielleicht keine eindeutigen Antworten auf Ihre Fragen für sich finden.

Der Unzufriedene wird jede Niederlage, jede für ihn ungerechte Behandlung ihn betreffend, auf Sie abwälzen und Sie werden zu seinem Katalysator, zu seinem Prellbock.

Letztlich wird ihre Beziehung mit diesem Mann in einer Sackgasse enden, Sie werden nicht mehr zu ihm durchdringen können. Dort einmal angekommen bleiben Ihnen nur zwei Möglichkeiten, entweder Sie verharren im Zustand beidseitiger Unzufriedenheit, verbittern und finden sich mit der Situation ab, oder Sie wagen den Weg der Umkehr und befreien sich von ihm und ihrer eigenen Unzufriedenheit.

Der Tyrann

Motto
Es wird gemacht, was ich will.

Wenn Sie sich einen angehenden Tyrannen geangelt haben, sind Sie wirklich zu bemitleiden. Denn bald, wenn er sich zum ausgewachsenen Tyrannen entwickelt hat, haben Sie nichts mehr zu melden.

Einem richtigen Tyrannen haben Sie nichts entgegenzusetzen, außer die Trennung von ihm. Doch wie soll das gehen, wenn Sie schon mit ihm verheiratet sind, mit ihm Kinder gezeugt und zusammen ein Haus mit Bankkrediten gebaut haben?

Der typische Tyrann versteht sich als Patriarch und Herrscher über seine Familie. Nichts entgeht hier seiner Aufmerksamkeit und Kontrolle. Jede Entscheidung und sei sie auch noch so bedeutungslos, geht ausschließlich über ihn.

Der Tyrann stellt die Regeln auf und ausschließlich seine Regeln. Diese sind von Ihnen wie Gesetze zu beachten.

Missachten Sie eine seiner Regeln, haben Sie nichts zu lachen, dann dampft der Kessel gerne auch lautstark.

Bei einem Tyrannen müssen Sie alle ihre Persönlichkeitsrechte abgeben. Doch wie kann sich ein Mann zu einem Tyrannen entwickeln?

Bei einer starken und selbstbewussten Frau wird ein zum Tyrann neigender Mann seinen Hang zur Tyrannei nicht ausleben können. Daher sucht sich ein solch veranlagter Mann vornehmlich schwache und / oder schüchterne Frauen, die er leicht einschüchtern und unterdrücken kann.

Wenn Sie nicht sofort gegen ihn und sein einnehmendes Wesen aufbegehren, werden Sie es später kaum noch können. Denn dann werden ihr Selbstwertgefühle und ihre sozialen Kontakte soweit gegen Null gegangen sein, dass weder Selbsthilfe noch Fremdhilfe vorhanden sind.

Wenn Sie also an ihrem Mann den Hang zur Tyrannei entdecken, gehen Sie sofort strikt dagegen vor und drohen Sie notfalls mit Trennung. Der Tyrann versteht nur die harte Kante, geben Sie ihm nur den kleinen Finger oder gehen Sie über seine Launen hinweg, wird er Ihnen das als Schwäche auslegen.

Wenn Sie ihn zur Einsicht bringen können, ist es sicherlich ratsam, psychologische Hilfe, vielleicht im Rahmen einer Ehe- oder Partnerberatung zu suchen. Wenn er Sie wirklich liebt und nicht nur sich selber, wozu Tyrannen durchaus neigen, kann dies eine sinnvolle Option sein.

Wird er sich »solchem Unsinn« verweigern, kann ihre weitere Option auch die befristete Verweigerung der Fortsetzung der Beziehung oder Ehe sein. Wenn er dann nicht zur Vernunft kommt oder zu besserer Einsicht gelangt, wissen Sie, was die Stunde geschlagen hat.

Ein liebenswerter Gauner

Motto:
Leichtes Geld und leichtes Leben.

Wenn Sie eher zu den leichtlebigen und leichtgläubigen ihres Geschlechtes gehören, laufen Sie Gefahr auf diesen, charmanten Kleingauner hereinzufallen.

Der liebenswerte Gauner ist bei Weitem kein richtiger Ganove oder gar Verbrecher, doch er neigt zu kleinen, unsauberen Geschäften um leicht durchs Leben und an Geld zu kommen.

Sie werden ihn in einer Diskothek oder in einer Bar kennenlernen und da er ein ausgesprochener Nachtschwärmer ist, meist zu später oder früher Stunde. Er kennt alle und jeden, den Türsteher, die Bedienung und eine Menge anderer Leute, die eher nicht bei einer Bank oder beim Finanzamt ihre Brötchen verdienen.

Bei ihm hört sich alles leicht und ganz einfach an und er kann durchaus überzeugend wirken. Nur leider ist alles Schall und Rauch, er lebt in einer Schein- und

Parallelwelt, welche seriöser Lebensweisen konträr entgegensteht.

Wenn Sie nur ein kurzes Abenteuer suchen, sind Sie bei ihm durchaus richtig. Sollten Sie jedoch weitere und ernstere Absichten hegen, dann denken Sie beizeiten daran, er ist und bleibt ein Luftikus.

Wenn Sie sich dennoch dazu entschließen mit ihm ihr zukünftiges Leben zu planen, dann stellen Sie sich auf turbulente und unsichere Zeiten ein. Ihre gemeinsame Zeit wird ein Tanz auf der Rasierklinge sein. Zwischenzeitliche finanzielle Hochs werden abgelöst von Tagen und Wochen, unter Umständen bei Wasser und Brot.

Vielleicht werden Sie häufiger ihre Wohnung wechseln müssen, vielleicht auch die Stadt. Ihr Leben wird unberechenbar sein, wenn sicherlich auch abwechslungsreich.

Vielleicht werden Sie häufiger Besuch von der Polizei bekommen, wenn mal wieder ein unsauberes Geschäft aufgeflogen ist. Vielleicht werden Sie ihn auch im Gefängnis besuchen müssen, wenn Sie ihn sehen möchten.

Unter diesen Umständen ist an einer ordentlichen und sicheren Gründung einer Familie mit Kindern, Haus und allen drum und dran nicht zu denken.

Denken Sie daran, bevor Sie sich richtig in ihn verlieben, ein solches Leben mag in ihren ganz jungen Jahren noch nach Abenteuer, Aufregung und Abwechslung riechen. Doch mit dem Alter lässt dieser Kitzel nach und Sie sehnen sich nach Ruhe und Sicherheit, die Sie dann nicht mehr bekommen können, außer Sie bekommen noch rechtzeitig die Kurve, weg von ihm.

Der Frauenhauer

Motto:
Ich setze mich durch, notfalls mit Gewalt.

Wenn Sie sich nicht unbedingt zu Zuhältern oder ähnlich gewerblichen Typen hingezogen fühlen, werden Sie es schwer haben, diesen Typen von Mann, anfangs zu identifizieren.

Der Frauenhauer kann bald in jedem Mann, gleich welchen Typs stecken und Sie werden diese unsägliche böse Eigenschaft erst viel zu spät an ihm feststellen.

Manche Männer neigen zu Gewalt gegen Frauen, wenn sie alkoholisiert sind. Andere Männer fühlen sich ihrer Frau gegenüber hilflos oder ihr unterlegen und versuchen ihren Mangel an Kommunikationsfähigkeit so zu kompensieren.

Ebenso kann ein Mangel an Sexualität, in welcher Form auch immer ersehnt, zu Ausrastern führen, oder aber auch ein Gefühl von gefangen sein und Einengung in einer nicht gewünschten, familiären Situation.

Wiederum gibt es Männer, die beispielsweise im Beruf, am Arbeitsplatz, permanente Niederlagen oder gar Demütigungen erleben und den dadurch entstandenen Aggressionsstau, sozusagen, bei Ihnen abladen.

Sollten Sie sich unglücklicherweise in solch einer Partnerschaft befinden, in der Sie Opfer solcherart Gewaltanwendung sind, hilft zum ersten nur der Gang zur nächsten Polizeiwache und zum zweiten die unbedingte Inanspruchnahme einer professionellen Ehe- oder Partnerberatung.

Lassen Sie selbst auch eine einfache Ohrfeige nicht durchgehen. Ist diese Hemmschwelle einmal überschritten, wird es beim nächsten mal vielleicht nicht bei einer Ohrfeige mit der flachen Hand bleiben.

Geben Sie sich auf gar keinen Fall selber die Schuld an seinem Fehlverhalten. Wundern Sie sich nicht, manche Frauen fühlen sich durchaus als Schuldige und nicht als Opfer, wenn dem Geliebten die Hand ausrutscht. Überhaupt nichts, kein Streit, kein Fehlverhalten, keine Meinungsverschiedenheit rechtfertigt jedwede körperliche Gewaltanwendung.

Und wenn Sie dennoch ein »blaues Auge« davongetragen haben, setzen Sie keine Sonnenbrille auf. Erzählen Sie den Nachbarn nicht, dass Sie gegen einen Türrahmen gelaufen sind. Erfinden Sie nicht den Sturz von der Treppe. Das glaubt Ihnen sowieso keiner. Sagen Sie einfach die Wahrheit. Sie müssen ihren Mann für sein Tun nicht auch noch in Schutz nehmen, denn er hat sich an Ihnen vergriffen und Körperverletzung ist ein Fall für die Staatsanwaltschaft.

Die Scham die ihr Mann gegenüber Freunden, Bekannten und auch den Nachbarn gegenüber empfinden wird, sollte ihn läutern und sollte ihm Strafe sein. Wiederholt sich die Gewaltanwendung, dann gibt es in der Tat nur den Weg der Strafanzeige und nichts anderes.

Der Patriarch

Motto:
Mein Wort ist Gesetz.

Hatten Sie einen sehr strengen Vater, der kein Widerwort, weder von ihrer Mutter, noch von seinen Kindern duldete, dessen Wort ehernes Gesetz war?

Da haben Sie ihn ja schon erlebt, den Patriarchen.

Es gibt Frauen, die bei ihrer Partnerwahl instinktiv Männer bevorzugen, die ihrem Vater in vielerlei Hinsicht ähnlich sind. Wenn ihr Vater ein patriarchischer Typ war und Sie ebenfalls in ihrem Partner gleichsam sein Ebenbild oder eine Kopie suchen, haben Sie womöglich ihre eigene Persönlichkeit nicht mit genug gesundem Selbstbewusstsein ausgebildet.

Eine emanzipierte und selbstbewusste Frau wird einen zum Patriarchat neigenden Mann kaum an ihrer Seite akzeptieren oder dulden es sei denn, er würde seine Neigung einzudämmen in der Lage sein.

Woran werden Sie einen solchen Mann erkennen? Sein überaus selbstsicheres Auftreten allein kann ihn nicht zu einem angehenden Patriarchen abstempeln. Auch sein Sie fixierender, beinahe zwingender Blick, reicht höchstens zu einem Vorurteil. Wenn allerdings noch eine gewisse Unaufmerksamkeit, bezogen auf eigene Äußerungen von Ihnen hinzukommt, verdichtet sich bei der Identifizierung zumindest die Indizienkette.

Was macht einen Patriarchen aus, wie ist sein Selbstbild, sein Selbstverständnis?

Nun zuerst einmal will er über sein Reich herrschen. Und in der Partnerschaft oder in der Familie, werden Sie zu seinem Reich gehören. Er wird Regeln aufstellen, die Ihr gesamtes weitere Leben umfassen. Er wird erwarten, dass Sie sich diesen, seinen Regeln, unterwerfen.

Aber der Patriarch wacht auch über Sie und wird Sie vor allem Beschützen, was Ihnen schaden könnte. Einen Angriff auf Sie, wird er als einen Angriff auf sich selber betrachten.

Insofern hat der Patriarch durchaus auch seine guten Seiten, er ist sehr verlässlich, aber eben auch dominant und selbstherrlich. Er verlangt Unterwerfung und absolute Loyalität ihm gegenüber. Sind Sie nicht in der Lage, ihm dies zu geben und entgegenzubringen, müssen Sie mit der Verbannung aus seinem Reich rechnen und hier ist er unversöhnlich.

Der Nesthocker

Motto:
Zuhause ist es schön, ruhig und billig.

Bequemer geht es kaum noch und deswegen wird unser Nesthocker auch nicht flügge. Warum auch? Er wohnt bei seinen Eltern, hat sein Zimmer und alles drum und dran. Kommt er von der Arbeit nach Hause, hat Mutti wie gewohnt gut für ihn gekocht und sicher auch seine Wäsche gewaschen und obendrein seine Hemden gebügelt.

Mit Daddy schaut er gemeinsam Sport oder einen Film und versteht sich auch ansonsten gut mit ihm. Da er nur ein wenig Kostgeld und einen, wenn überhaupt, geringen Betrag zur Miete beiträgt, wächst sein Bankguthaben und gibt ihm zur familiären Sicherheit zudem noch das wohlige Gefühl, welches Guthaben auf dem Bankkonto einem eben gibt.

Vielleicht wartet unser Nesthocker nur auf die eine Richtige und spart auf eine erhoffte Zukunft nach seinen Eltern und mit eigenem Familienglück.

Doch Vorsicht, alte Gewohnheiten vor allem wenn sie auf Bequemlichkeit beruhen, legt man nur schwer und ungern ab.

Wenn Sie einen Nesthocker kennenlernen, haben Sie die Wahl. Entweder Sie übernehmen nahtlos die Rolle der Eltern und lassen ihn, auf ihre Kosten sein bequemes Leben weiterführen, oder Sie begehren auf und versuchen ihn umzuerziehen.

Sollten Sie sich für die erste Variante entscheiden, wird er wohlig schnurren und Sie die Rechnungen zahlen, die Wäsche bügeln, das Essen kochen, den Müll runterbringen und Sie den Boden schrubben lassen. Kurzum, er wird mit Ihnen sein Kostgeld und seinen Mietanteil aushandeln und Ihr großzügiges Entgegenkommen erwarten. Er hat bezahlt und wünscht sich daher den gleichen Service, den er vom Hotel Mama gewohnt war.

Wollen Sie aber aufbegehren und ihm klarmachen wollen, dass das Leben in einer Partnerschaft eben auf geben und nehmen beruht und die Fürsorge der Eltern eine andere ist als die einer Partnerin, dann werden Sie kämpfen müssen.

Nehmen Sie ihn bei der Hand und gehen mit ihm in einen Supermarkt. Lassen Sie ihn auswählen was er gerne essen und sonst noch so möchte.

Gehen Sie anschließend mit ihm an die Kasse, und weigern Sie sich strikt zu bezahlen. Jetzt erst hat der eigentliche Kampf begonnen und Sie werden sehen, was für ein Früchtchen Sie sich da angelacht haben.

Versuchen Sie es noch mit anderen Verweigerungen, wie beispielsweise die Sache mit dem Bügeln, oder dem Putzen. Schlagen Sie ihm vor, eine Haushaltshilfe auf seine Kosten einzustellen.

Wenn das auch nicht hilft, verweigern Sie ihm ruhig die sinnlichen Freuden mit der Begründung, dass Sie nach all der Hausarbeit, die Sie neben ihrem eigentlichen Job auch noch alleine verrichten müssen, zu erschöpft sind.

Ihre Chancen dass er Ihnen bald nahelegen wird, die Beziehung zu beenden oder eine gemeinschaftliche Lösung für die Problematik zu finden, stehen nun gut und es ist Ihre Entscheidung ob und wie Sie weitermachen wollen mit ihrem Nesthocker.

Das Muttersöhnchen

Motto:
Mutti ist die Beste.

Wenn Sie Mutters Söhnchen kennen und zudem lieben lernen, na dann gute Nacht Marie. Entweder ihre Tage an der Seite des Sohnemannes sind gezählt oder Sie werden zu einem Nervenbündel.

Glauben Sie es ruhig, denn Sie werden einem Trommelfeuer von zwei Seiten ausgeliefert sein. Für die Mutter machen Sie es dem Sohn nicht gut genug (egal was) und für den Sohn, machen Sie es niemals so gut wie Mutter es machte (auch hier, egal was).

Erkennen Sie das Dilemma, in das Sie geraten werden, wenn Sie an ein wahres Muttersöhnchen geraten? Sie haben es auf der einen Seite mit einer furienhaften, eifersüchtigen Mutter zu tun, die mit Argusaugen über das Wohl ihres Sohnes, ihres ein und alles, achtet.

Und auf der anderen Seite haben Sie es mit einem verwöhnten Muttersöhnchen zu tun, das mit jedem Weh und Ach zu Mutter rennt und sich bei ihr ausweint.

Für sie (die Mutter) werden Sie, als Frau, niemals gut genug sein. Sie werden ihn niemals so gut umsorgen können wie Sie es tut. Im schlimmsten Falle werden Sie sich immer mit offenen oder versteckten Anschuldigungen auseinandersetzen müssen. Beispielsweise sind Sie zu bequem und wollen nur sein Geld, oder können keinen Haushalt führen und Ähnliches.

Selbstverständlich werden Sie sich nicht kampflos geschlagen geben und an ihren Liebsten appellieren, er möge den ewigen Einmischungen und Anschuldigungen seiner Mutter Einhalt gebieten. Sie werden ihm Szenen machen, vielleicht mit den Türen knallen oder ein bisschen Porzellan zerdeppern. Aber was auch immer Sie tun, wie immer Sie sich verhalten, Sie werden diesen Kampf nicht gewinnen können.

Im besten Fall erreichen Sie eine Patt-Situation, die aber auf Dauer, auch nicht die Lösung sein wird, da Mutter weiter integrieren und ihren Sohn, ihr Eigentum, nicht kampflos an Sie abtreten wird.

Was können Sie tun, was ist die Lösung dieses Problems für Sie?

Wenn Sie sich nicht mit der Situation, nur die Frau Nummer Zwei im Leben Ihres Mannes zu sein abfinden können, dann müssen Sie das Schlachtfeld räumen und sich nach anderen, besseren Kandidaten für ihren Lebensplan umsehen.

Oder Sie arrangieren sich mit ihrem Platz im Leben ihres Mannes und werden zu einem Häuflein Elend.

Oder aber Sie schaffen es, ihr Herzblatt, das Sie noch nicht verloren geben wollen, zu einer Partnerberatung zu lotsen und hier ihr Glück zu suchen.

Nachwort

Nun sind wir am Ende unserer kleinen Reise durch die Männerwelt angekommen und haben 28 Männertypen identifiziert, die Frauen nicht gut tun können.

Viele dieser beschriebenen Männertypen sind entweder ausschließlich mit sich selber beschäftigt oder haben negative Ereignisse in ihrem Leben nicht positiv verarbeiten können und befinden sich in einem dunklen Tunnel, indem Sie ihm nicht den Weg nach draußen leuchten können. Andere wiederum sind zu sehr auf sich selbst oder schlimmer noch, nur auf ihr Geld bedacht.

Natürlich und ganz sicher hat jeder Mann etwas von dem einen Typus oder dem anderen Typus in sich und zugegebenermaßen sind die oben beschriebenen Beispiele oftmals überspitzt dargestellt, doch diese Überspitzungen geschahen durchaus mit Absicht. Denn hier war ja nicht die Rede von den »richtigen Männern«, sondern eben von den »falschen Männern«.

Dieses Buch möchte ja dazu dienen, Ihnen einen Kompass anhand zu geben, der Ihnen die Richtung zeigen soll, in welche Richtung die Reise mit diesem oder jenem Männertyp gehen kann.

Die Wahl eines Lebenspartners ähnelt in gewisser Weise der Berufswahl. Man startet erwartungsfroh in eine Ungewissheit und hofft, dass schon alles gut werden wird. Das Leben ist nichts anderes als eine ständige Ausbildung, nur dass die Lehrer, also die Menschen mit denen Sie sich alltäglich umgeben, sich ebenfalls in ihrer eigenen Ausbildung befinden.

Und auch hier gilt, es gibt die, denen dass Lernen leicht fällt, und jene denen das Lernen schwerer fällt bis hin zu denen, die niemals etwas dazu lernen wollen oder können.

Manche, negative wie positive, Verhaltensweisen sind genetisch bedingt. Aber warum wird der eine Bruder zu einem Verbrecher, während der andere Bruder zu einem Wohltäter, Polizisten oder gar zum Mönch avanciert?

Sicher könnte man bei einigen der beschriebenen, negativen Männertypen mit entsprechender, psychologischer und therapeutischer Behandlung, eine Besserung ihres Wesens herbeiführen. Ich habe in diesem Buch mehrmals zu einer Ehe- oder Partnerberatung geraten, aber eigentlich könnte eine solche Beratung für jeden der oben vorgestellten Männertypen hilfreich sein. Doch ist es nicht Anspruch dieses Buchs in wissenschaftlich, akademischer Hinsicht relevant und aussagefähig sein zu wollen.

Hier geht es nur um den offensichtlichen Augenschein und den gesunden Menschenverstand die beide helfen sollen, den entscheidenden Schritt bei der Partnerwahl sicherer zu machen. Denn bedenken Sie, Männer sind auf-grund ihres Gencodes nicht auf Monogamie und Frieden ausgelegt. Bald jeder Mann wird sich bei entsprechender Gelegenheit, Temperament und dem richtigen, verlockendem Weibchen, dem sinnlichen Genuss außerhalb der Ehe oder Partnerschaft hingeben. Über die möglichen, negativen Konsequenzen wird er sich erst später Gedanken machen.

Dem reinen Macho sind selbst negative Konsequenzen herzlich gleichgültig, da er es als sein gutes Recht ansieht, Frauen nach Lust und Laune zu benutzen. Der Geizhals beispielsweise, wird ebenfalls sein Lustgefühl genießen, um sich allerdings anschließend sorgen um etwaige Folgekosten zu machen. Bei allem Gegensatz verbindet diese beiden Männertypen jedoch eines, sie sind nicht Monogam.

Dem Geldschneider oder der Heuschrecke ist nicht an einem friedvollen Leben mit Ihnen gelegen, denn er ist auf Beute aus und die Beute sind Sie, beziehungsweise, ihr Geld. Im Grunde sind Sie Räuber und Diebe, nur dass Sie ihre Diebstähle anders, oder besser, subtiler planen.

Aber es ist gleichgültig, welchen der oben beschriebenen Männertypen wir uns auswählen, bei allen sind Sie in erster Linie eines, nämlich Opfer.

Und es ist egal, welche Form der Ausnutzung Sie durch diese Männer erfahren, ob sie finanzieller oder rein emotionaler Natur ist, immer verlieren Sie nicht nur wertvolle Lebenszeit sondern auch Liebeszeit.

Denn was möchten Sie, was erwarten Sie von einem Mann? Sicher nicht, dass er Sie betrügt und / oder in ein emotionales Loch treibt.

Die Zeit, die Sie mit dem falschen Mann verbringen und vergeuden, die Zerstörungen welche ein falscher Mann an und bei Ihnen anrichtet, sind nicht gutzumachen.

Man könnte sagen, dass Sie eine Erfahrung gemacht haben, ja dass Sie sogar etwas aus der Sache gelernt haben, schön und gut. Doch wäre es nicht besser gewesen, dieser Erfahrung, diesem falschen Mann, von vornherein ausgewichen zu sein?

Dies ist der Sinn und Zweck dieses Buchs, der falschen Erfahrung, dem falschen Mann, wenn möglich auszuweichen.

Impressum

Angaben gemäß § 5 TMG

Michael Uhlworm
Wilseder Weg 48
40468 Düsseldorf
Vertreten durch:
Michael Uhlworm
Kontakt:
Telefon: 0177-5641657
E-Mail: michael.uhlworm@web.de
Verantwortlich für den Inhalt nach § 55 Abs. 2 RStV:
Michael Uhlworm
Wilseder Weg 48
40468 Düsseldorf

www.ingramcontent.com/pod-product-compliance
Lightning Source LLC
Chambersburg PA
CBHW051255250726
48656CB00004B/1303